Carlos Cuauhtémoc Sánchez

ENTRE
AMIGOS

UN ABRAZO EN PALABRAS PARA TI

 DIAMANTE

ISBN 978-607-59353-1-7

Derechos reservados:
D.R. © Carlos Cuauhtémoc Sánchez. México, 2022.
D.R. © Ediciones Selectas Diamante, S.A. de C.V. México, 2022.
Mariano Escobedo No. 62, Col. Centro, Tlalnepantla, Estado de México, C.P. 54000.
Miembro núm. 2778 de la Cámara Nacional de la Industria Editorial Mexicana.
Tels. y fax: (55) 55-65-61-20 y 55-65-03-33
Lada sin costo: 01-800-888-9300 EU a México: (011-5255) 55-65-61-20 y 55-65-03-33
Resto del mundo: (0052-55) 55-65-61-20 y 55-65-03-33

Correo electrónico: informes@esdiamante.com
ventas@esdiamante.com

www.carloscuauhtemoc.com
www.editorialdiamante.com

TE INVITO A LEER ESTE LIBRO

Sustitúyelo por tu rutina diaria de ver videos cortos en el celular.

Cada capítulo es equivalente a un *short* de YouTube o a un video de Tiktok. Lo lees en un minuto o dos. Así está diseñado. Con temas importantes, independientes, que se pueden abordar al azar. Como los videos que miras.

Pero cuidado. No es lo mismo.

Cuando ves el celular, tu mente entra a un estado de pereza. No hace ningún esfuerzo. No piensa. Solo recibe comida procesada y a veces perjudicial.

Imagina tu cerebro como un cuerpo sedentario al que sientas todos los días por horas a deglutir azúcar refinada, conservadores químicos y grasas saturadas. Al paso de los años tendrás neuronas grasientas, lentas, bofas, necesitadas de una silla de ruedas para moverse.

Suena cruel; es real.

¿Te has acostumbrado al placer de mirar capsulas que te entretienen? Hazlo de mejor manera. En vez de verlas, léelas. En vez de sentar a tu cerebro a flojear, al menos ponlo a trotar. ¡LEE!

Leer es el mejor hábito que puedes cultivar.

La lectura te da un entrenamiento intelectual y creativo que no puede darte ninguna otra actividad.

Si lees, ineludiblemente te convertirás en una persona más inteligente y sabia. Tu mente desarrollará otras facultades que antes no tenía.

Entre amigos, te digo: Deja tu celular a un lado. Apágalo o ponlo en modo avión, y disfruta estos textos.

Son los que te gustaría ver en un video. Pero también son los que tu mente necesita para activarse.

Con todo cariño:

¡Lee!

Carlos Cuauhtémoc Sánchez

1
PELEA POR TU FAMILIA

Nunca voy a olvidar esa frase.

Mi esposa y yo nos casamos muy jóvenes, con gran ilusión, solo para darnos cuenta de que el matrimonio era más difícil de lo que imaginamos. El primer año discutimos tanto que menguaron nuestras esperanzas de una vida maravillosa juntos; eso no tenía sentido. Pensamos que nuestro matrimonio había sido un error.

Acudimos a un consejero y él nos dijo: "Peleen por su familia". Yo contesté: "Todavía no tenemos familia; no tenemos hijos".

Se puso de pie y me encaró: "¿Y eso ¿qué? Ustedes *son* una familia; mírame a los ojos, esta mujer es tu familia; pueden llegar a tener hijos o no; y los hijos podrían darles un proyecto de unión, pero ustedes también podrían generar proyectos de unión en otras actividades o compromisos. Para ser familia ¡no necesitan niños, ni casa, ni perro! Solo se necesitan ustedes; tú y ella. ¡Tu esposa es tu familia!".

Lo miré sin hablar. Continuó:

"Escúchame, Carlos, tú has sobrevivido a adversidades muy fuertes, has peleado con garras para ganar medallas en competencias de ciclismo, has logrado publicar una novela después de que muchas editoriales te rechazaron. Terminaste tu carrera y estás poniendo un negocio. A pesar de los problemas y obstáculos, sigues peleando. Eres un guerrero. Logras lo que te propones. Así que ahora, ¡pelea por tu familia!".

El vehemente consejo me dejó helado. Volteé a ver a mi joven esposa. Los dos teníamos veintidós años. Entonces la miré de una manera diferente. En ese instante dejó de ser la posibilidad de un futuro incierto; con ilusiones de felicidad incumplidas ¡y de pronto la vi como lo que era! ¡Mi familia!

Hoy tenemos treinta y cinco años de casados. Nuestro matrimonio ha sido maravilloso. Como pareja hemos dado muchos frutos; pero nada de eso hubiera sido posible si no hubiésemos tomado aquella decisión un día, motivados por la frase que todavía resuena en mi mente y que se ha convertido en el eslogan secreto de mi vida.

Te invito a que sea el de la tuya también: **Pelea por tu familia.**

Carlos Cuauhtémoc Sánchez

2
EL LENGUAJE DEL MAL

Los ángeles caídos tienen un mismo lenguaje. Se comunican bien entre ellos. Su lenguaje se basa en dos prácticas: MENTIR Y ACUSAR.

Muchas personas pertenecen a ese club. Y te invitan. Si te niegas a pertenecer, te van a engañar y cuando te equivoques, van a acusarte. Siempre es así.

Hay que decirlo abiertamente.

No seamos acusones de nimiedades.

Dejemos de buscar los errores triviales de la gente buena.

Dejemos de subrayar las faltas de otros (¡difundirlas, exagerarlas, dramatizarlas!).

No tratemos de desprestigiar al prójimo solo porque se tropezó o se equivocó.

Evitemos generar un ambiente de tensión, rencor y venganza.

No promovamos ni permitamos acusaciones por tonterías.

Aunque está bien evidenciar de manera objetiva y real a las personas malintencionadas que quieren hacernos daño de forma deliberada, no usemos como "nuestro", el lenguaje de la acusación y la mentira.

Entre amigos, te digo: somos más grandes que eso.

Nuestro lenguaje es la verdad y la ayuda al que tropieza. Pertenecemos a otro club.

3
ARRÉGLALO, AUNQUE NO LO HAYAS ROTO

Te voy a decir el secreto para ser una persona extraordinaria. En una frase: *Por donde pases deja todo mejor que como estaba.*

De forma natural, los seres humanos, por donde pasamos, dejamos desperdicios, desgastamos lo que utilizamos, agotamos lo que consumimos, deterioramos lo que usamos. Es lo normal. Si no nos esforzamos por provocar que las cosas mejoren a nuestro paso, haremos que empeoren. Si no construimos, destruimos.

Enfócate, concientízate, encauza tu energía en construir.

Sé extraordinario en tu familia, en tu trabajo, en tu escuela, en tu equipo.

Si comes en una mesa, déjala limpia; mejor que como estaba.

Si usas un baño, déjalo impecable; mejor que como estaba.

Si hablas con una persona, asegúrate de que tus palabras no la lastimen ni la denigren, sino que la inspiren, la alegren, la fortalezcan.

Por donde pases arregla las cosas, aunque no las hayas roto.

Compón el ambiente de trabajo, aunque no lo hayas descompuesto.

Fortalece relaciones sociales, aunque no las hayas debilitado.

Genera lealtad y unión en el equipo, aunque no lo hayas dividido.

Y, por Dios, cuando camines por la calle y encuentres basura a tu paso, levántala, aunque no la hayas tirado tú, aunque no sea tu calle, o aunque no tengas planeado volver a caminar por ahí.

Es un estilo de vida. Una forma de ser.

El lugar por donde pasas debe ser mejor solo porque tú pasaste por ahí.

Convierte el concepto en un lema, en un himno, en un propósito gobernante de tu vida. Es simple. Tatúalo en tu mente:

Por donde paso sumo valor, hago que las cosas mejoren, dejo todo mejor que como estaba.

4
CANARIO CANTOR

Un hombre fue a comprar un canario cantor. Anhelaba tener una mascota que le hiciera sentir acompañado. Sabía que un buen canario trinaría melodías todo el día.

En la tienda pidió el canario que cantara más. Y se lo dieron. Llegó a su casa, se sentó en un sillón y se deleitó oyendo los trinos del canario. Pero de pronto lo vio bien y se dio cuenta de que le faltaba una pata. Se puso de pie, furioso, y fue a la tienda a reclamar.

—¡Me vendieron un pájaro cojo, sin una pata!

Y el gerente de la tienda le dijo:

—¿Usted qué quiere de este pájaro? ¿Que cante o que baile?

Siempre estamos buscando los defectos de los demás. Tenemos una pareja extraordinaria, amigos o compañeros maravillosos. ¿Por qué no los valoramos y aceptamos como son?

La gente tiene virtudes y defectos. ¿A qué se debe ese afán de encontrar y agrandar los defectos, e ignorar o disminuir las cualidades?

Esa persona (con la que a veces tienes problemas) *es genial*.

Deja de buscarle manchas y desperfectos. Concéntrate en sus virtudes y bondades. No agrandes sus sombras y déjate iluminar por su luz.

Y si esa persona (con la que convives tanto) sabe cantar, ¡por favor, no te enojes porque no sabe bailar!

5
TU PAREJA SALIÓ DEFECTUOSA

¿Ya te diste cuenta? Tu pareja tiene desperfectos. ¡Muchos! ¿Y ahora? ¿Qué hacemos? Te salió defectuosa, y no hay a quién reclamarle.

Tienes dos opciones.

PRIMERA OPCIÓN: trata de hacerla cambiar.

> Regáñala cuando se equivoque. Dale clases. Edúcala. Atibórrala de consejos. Motívala. Y si no entiende (que es lo más seguro), pues castígala. Eso va a ocasionar, al menos, que se sienta una persona más insegura y que entienda, de una vez por todas, que no es suficiente para ti.

SEGUNDA OPCIÓN: acéptala como es.

> Dile con claridad qué conductas son aquellas que no te gustan, pero déjale bien claro que a pesar de esas conductas y de sus imperfecciones, tú la amas y la aceptas tal como es. Es posible que, con esta segunda opción, si tu pareja se siente amada de verdad, en correspondencia, trate de cambiar.

Las opciones son muy claras. No te culpo si eliges la primera. Es la favorita de la mayoría.

6
GRACIAS

La gente pequeña cree que lo merece todo, y lo toma; pero los grandes se detienen (antes de ufanarse) y voltean alrededor. Saben que siempre hay alguien a quien darle las gracias. Y lo hacen. La gratitud es justo lo que los hace fuertes.

Sé agradecido con Dios:

> Tienes demasiadas cosas que no buscaste. Se te dieron. Son un don, circunstancias, talentos, oportunidades, personas, lugares, potencialidades... Lo tienes porque sí. Porque Dios te lo dio. ¿Puedes verlo? Entonces da las gracias.

Sé agradecido con las personas:

> Hay gente que te ayuda, te sirve, te abre la puerta, te da el paso, te brinda trabajo, te escucha, te sigue, te cree, te admira, te paga, te deja crear y servir. ¿Puedes verlo? Entonces da las gracias. Y dalas bien. Con frases completas: "Aprecio mucho lo que hiciste", "eres una persona extraordinaria", "gracias por tanto", "valoro lo que has hecho", "te agradezco en el alma", "eres genial".

Cuando das las gracias no pierdes. Ganas. Y te haces más fuerte.

Carlos Cuauhtémoc Sánchez

7
CUATRO SALIDAS
AL DESALIENTO

Una mujer desalentada, desesperada, abrumada por problemas familiares, se durmió y tuvo un sueño muy extraño.

Estaba en medio de una enorme habitación cuadrada, blanca, vacía. Le faltaban las fuerzas. Y el aire. En cada pared de la habitación había una puerta con un grabado. La primera puerta tenía la insignia de una cadena. La segunda, la imagen de una nube. La tercera, una enorme pistola. La cuarta, un corazón.

Necesitaba salir de ese cuarto. El desaliento la asfixiaba. No sabía por qué puerta. Entonces tuvo una revelación.

- La puerta de la cadena... se llama RESIGNA-CIÓN; cuando la persona pierde la esperanza y deja de luchar por un cambio, elige la resignación encadenándose a la tristeza permanente.

- La puerta de la nube se llama HUIDA; cuando la persona no tiene el valor ni las agallas de enfrentar sus problemas, decide salir huyendo para desaparecer, dejando en su lugar una nube de humo.

- La puerta de la pistola se llama VENGANZA. Cuando la persona decide devolver el daño que recibió, lastimando a otros, usa, como revancha, armas letales para causar dolor.

- La puerta del corazón se llama LEALTAD. La persona detecta lo que está mal, y decide quedarse a trabajar, brindar soluciones y dar la vida si es necesario luchando por mejorar ese lugar y ese equipo al que ama y considera suyo.

Si has caído en una habitación de desaliento, ¿por qué puerta vas a salir? Son cuatro.

1. Podrás resignarte a una vida mediocre, a condiciones dolorosas e indeseables. Tienes la capacidad de adaptarte a lo malo.

2. También puedes dejarlo todo y escapar. Salirte de ese sitio. Que nadie sepa a dónde te fuiste.

3. Por supuesto también podrías permanecer en el lugar donde eres tan infeliz para vengarte y darle su merecido a otros.

4. Por último, podrías quedarte a trabajar, a buscar soluciones, a generar un cambio positivo.

Tú decides.

Carlos Cuauhtémoc Sánchez

8
SER FELICES NOS HACE PRODUCTIVOS

La organización *Best Place To Work*, tiene como premisa básica que la felicidad produce dividendos.

Para ser personas productivas debemos ser primero personas felices. Pero tú no le puedes decir a alguien: "Sé feliz".

Se cree que la felicidad es un estado mental que se logra solo cuando se han alcanzado incontables requisitos. Por eso nos parece inaccesible.

A la mayoría de la gente le es imposible ser feliz. Sin embargo, todos podemos tratar de estar contentos. Le puedes decir a alguien (y a ti mismo): "Sonríe, pon buena cara, relájate y por favor ¡deja de quejarte!".

La felicidad no tiene un final, pero sí un inicio: Dejar de quejarse. No hacerles demasiado caso a los problemas; enfrentarlos sin agrandarlos ni abrumarse por ellos; incluso disfrutarlos sabiendo que vamos a resolverlos y que creceremos con ellos.

Entre amigos, te digo: reprime las quejas que quieran brotar de tu boca; respira, mira hacia delante, camina con optimismo y con la cara en alto. No te compliques. Tú puedes hacer más de lo que hiciste ayer. Solo enfócate en mantenerte entusiasmado.

Todo pasa. Todo se arregla. Todo va a estar bien. Trabaja contento, y vive contento.

Carlos Cuauhtémoc Sánchez

9
LO QUE OTROS OPINAN DE TI

¿Lo hice bien? ¿Cómo me vi? ¿Qué te pareció mi trabajo? ¿Y mi atuendo? ¿Y mis resultados?

Después de un esfuerzo importante todos preguntamos eso a la gente que amamos. Nos interesa saber lo que las personas más importantes piensan de nosotros.

La autoestima de un individuo depende en gran medida de lo que sus seres queridos piensan de él.

El concepto que tienes de ti está conformado por las opiniones de la gente que más valoras.

Si te desprecia un desconocido, no te importará. Si te insulta un fulano ajeno a tu vida, vas a superarlo fácilmente. Pero si te desprecia tu pareja, tu papá, tu hijo, tu hermano mayor, la cosa cambia.

Por eso cuida lo que le dices a tus seres queridos. Para ellos, tu opinión importa. Aunque te abrume la ira, no digas improperios, ni majaderías, ni palabras de desprecio a las personas que amas.

Al contrario. Cuando puedas, elogia, felicita, reconoce los aciertos y encumbra a quienes confían en ti. En la familia tus palabras se magnifican. Las buenas y las malas.

Carlos Cuauhtémoc Sánchez

10
MANTENTE JOVEN

Él era joven de edad, pero se comportaba como viejo: amargado, despreciativo, creía saberlo todo.

Ella, por su parte, era vieja de edad, pero se comportaba como joven: entusiasta, amigable, quería seguir aprendiendo.

Decía Emerson: "Cada persona que conozco es superior a mí en algún aspecto, por eso aprendo de ella".

Puede ser un bebé o un niño con síndrome de Down; o una persona de otro origen étnico, de otra religión, de otra ideología. Cualquier persona es superior a ti, en algún aspecto, por lo tanto, observa, escucha y aprende.

Esa es la mentalidad joven.

Si crees que sabes todo y no tienes nada que aprender, has comenzado a envejecer; hay viejos de dieciocho años.

Si reconoces las virtudes de los demás, aprendes de ellos y de la vida, seguirás siendo joven, aunque tengas ochenta años.

Amigo, amiga: sin importar tu edad, mantente joven.

11
PUTREFACCIÓN INTERNA

Una mujer fue abandonada por su prometido antes de la boda. El tipo se arrepintió de casarse y la dejó con todos los preparativos.

Cuando conocí a esa chica unos años después, le pregunté: "¿Por qué no puedes amar a nadie más?". Y ella me dijo: "Porque me estoy pudriendo por dentro".

Me imaginé su putrefacción y di un paso atrás. Después entendí que la analogía era real. El rencor es una herida del alma que se infecta y suele causar envenenamiento.

¿Sabes lo que es sentir coraje, odio o deseo de venganza? ¿Alguien cometió en tu perjuicio abuso, traición o injusticia? Entonces conoces la infección de una ira que paraliza.

Si dejas que el rencor se arraigue, poco a poco la herida del alma comenzará a descomponerse y albergará bacterias de emociones contenidas que te quitarán la salud mental. Evítalo.

Debes liberar la presión interna por el dolor que te causaron. Hay una válvula de desahogo que permite a los vapores pestilentes escapar y limpiarte. Ábrela, úsala, despliégala: la válvula del perdón.

12
DOMADOR DE SERPIENTES

Todos tenemos un talón de Aquiles.

A veces creemos que podemos dominar un vicio y convivimos con él. Nos ufanamos:

"Yo soy fuerte; si me lo propongo, no voy a ceder, aunque tenga la tentación frente a mí".

Mentira.

Eso que puede destruirte (tú sabes qué) no es algo con lo que debas convivir.

> Un domador de serpientes pasó trece años entrenando una anaconda. Parecía que tenía el control del reptil más grande y poderoso. Se ufanaba, presumía de ello. Su acto de circo fue un éxito. Todo le salió bien. Muchas veces. Pero una noche, cuando menos lo esperaba, frente al público, la serpiente se le enredó al hombre y le hizo crujir los huesos hasta matarlo.

Ese vicio que tienes es igual. Juegas con él y todo parece estar bajo control. Te ufanas, porque las cosas te han salido bien. Muchas veces. Pero una noche, cuando menos lo esperes, te matará.

Solo hay una solución para que eso no suceda.

Aléjate.

Es de valientes huir. También de inteligentes.

Entre amigos, te digo: borra el contacto. Cancela la membresía. Múdate de ciudad. Renuncia al puesto. Haz lo que tengas que hacer y salva tu vida (y tal vez a tu familia), alejándote de esa tentación, ahora que todavía puedes.

13
METE GOLES

Los partidos de futbol no se ganan jugando bonito, ni mandando pases laterales talentosos o devoluciones virtuosas al portero. Los partidos se ganan metiendo goles.

La vida también.

- Para el vendedor, meter gol es cerrar una venta importante.

- Para el maestro, meter gol es dar una clase extraordinaria en la que sus alumnos aprendan de verdad.

- Para el cirujano meter gol es hacer una operación difícil, exitosa.

- Para el contador meter gol es hacer una declaración de impuestos impecable.

¿Y para ti?

¿Cuál es el juego que juegas en la vida? ¿Cuáles son los goles que debes meter? ¿Qué tendrías que hacer en el día presente para que pudieras decir que anotaste un gol?

Pregúntate esto todas las mañanas antes de que empiece tu partido.

Al salir de casa para ir a tus actividades productivas, ten muy claro en la mente cuál será la tarea que realizarás y el momento preciso en el que podrás meter gol. Y enfócate, concéntrate, visualízalo con anticipación.

Repite en tu mente, sabiendo lo que harás: "Hoy voy a meter un gol, hoy voy a meter un gol".

No salgas a la cancha sin saber a la perfección dónde está la portería y qué debes hacer para meter gol ese día. Diario haz lo mismo. Cuando menos lo esperes, te habrás convertido en el campeón más cotizado y mejor pagado del sector.

14
LOS CUERPOS SE PUEDEN AMAR

Iba bajando del segundo piso en la universidad donde trabajo y vi que había una pareja de jóvenes besándose y acariciándose debajo de la escalera. Me detuve indeciso de interrumpir sus arrumacos. No fue necesario. La chica se separó, jadeante y le dijo algo tremendo a su novio:

—Nuestros cuerpos se aman, ¡esto está claro! —hizo una pausa y preguntó—: Pero, ¿nosotros? ¿Nosotros nos amamos?

¡Qué profunda reflexión!

Los cuerpos se pueden amar sin que las personas se amen.

Cuando un hombre y una mujer (que tienen atracción química) se acarician de forma sensual, sus cuerpos se excitan y tratan a toda costa de unirse. El cuerpo humano tiene instintos animales con una agenda propia que excluye el raciocinio y los sentimientos.

En ese contexto se dan muchas relaciones de pareja. Dos desconocidos se enamoran porque sienten muy placentero besarse y acariciarse. Y las personas se meten en problemas de embarazos o adulterio; se casan, se divorcian, se lastiman.

Es la premisa de mi libro *Juventud en éxtasis*:

Toma el control de tu mente y asegúrate, antes de tener intimidad sexual con alguien, de que tu cuerpo no sea el que se haya enamorado de otro cuerpo, sino que tú, como persona, te hayas enamorado de otra persona.

15
TRABAJAR ES AMAR

Mi padre era un hombre muy trabajador, se levantaba todos los días a las cinco de la mañana y se iba a la fundidora en la que fungía como jefe de mantenimiento. Trabajaba hasta muy tarde, llegaba noche a casa, agotado, de mal humor, con los nervios irritados. Exigía que apagáramos la televisión y la música.

Yo era un adolescente arisco y le reclamaba a mi mamá:

—¿Qué le pasa a mi padre? Trabaja todo el día y al final llega histérico a la casa.

—Lo que hace tu papá es muy difícil —contestó ella—. Y la forma como él nos demuestra su amor es trabajando.

Un día, mi papá estuvo cerca de una fuga de gas en su planta y se quemó un brazo por una explosión. Recuerdo que llegó a la casa y mi madre lo curó, le puso hielo y ungüentos, él tenía el brazo negro con ámpulas; yo lo espié detrás de la puerta, y lo vi quejándose del dolor.

Hasta entonces, entendí que tenía los nervios desechos y el cuerpo herido porque era un hombre dispuesto a dar la vida por su familia.

Hoy yo también trabajo mucho, y a veces llego a casa agotado y de mal humor. Daría la vida por mi esposa e hijos, y aunque a veces parezca difícil de entender y de explicar, trabajar es la mejor forma que tengo para demostrarle amor a mi familia.

Carlos Cuauhtémoc Sánchez

16
DEJA DE PELEAR EN CASA

Tu familia no necesita más justicieros vengadores.

Necesita gente pensante y valiente que sepa perder batallas para ganar guerras; que luche por lo importante y deje de hacer tormentas en vasos de agua; que ponga las cosas en perspectiva y le diga a todos de alguna forma: "nuestra familia es más valiosa que muchas de las cosas por las que discutimos y no importa si perdemos todo lo demás mientras no nos perdamos a nosotros".

Tal vez eres tú quien está propiciando que los demás reaccionen mal.

No queremos un hogar donde se sienta un ambiente hostil, donde las personas estén enojadas o a la defensiva. Pero eso sucede porque lo permitimos. Avivamos el fuego de los reclamos. Somos poco tolerantes e impacientes. Nos gusta decirle a los demás en qué están equivocados.

¿Has imaginado a la familia que te gustaría tener? ¿Cómo es?

¿No anhelas un lugar en el que todos sientan seguridad y paz, donde todos se comuniquen bien, se ayuden y se protejan. Donde llegues a descansar, a disfrutar de la mejor compañía y te olvides del estrés?

Pues trabaja por ello. Propícialo.

Empieza contigo. Sé más flexible, más amable, más respetuoso, más abierto, más comprensivo, más humano.

Tu familia tiene muchos ataques.

Que no vengan de ti.

17
¿POR QUÉ DUELE TANTO UNA INFIDELIDAD?

Su esposo le fue infiel. Ella decía que, literalmente, le habían roto el corazón.

Claro. Lo que hace especial una relación de amor (y la hace diferente de cualquier otra relación), es el pacto de exclusividad afectiva y sexual. (Nada más. Punto final).

Cuando dos personas se vuelven pareja amorosa, prometen que no van a enamorarse de alguien más ni a acostarse con alguien más mientras estén juntas...

¿Eso se puede?

Por supuesto. Es cuestión de voluntad. Tú puedes (si quieres) bloquear cualquier otra relación peligrosa, o (también) puedes jugar a las caricias físicas o emocionales con alguien más. Todos tenemos control de a quién y cómo tocamos. Tus manos no se mandan solas. Tu boca no dice lisonjas seductoras sin tu voluntad.

Cualquier argumento que justifique tu "mente abierta" para darte (o darle permiso a tu pareja) de tener sexo con otras personas, vulnera, debilita y convierte en basura su relación.

Lo que le da valor a un vínculo de amor es el pacto de fidelidad. Si ese pacto se rompe, se apuñala al amor.

Ella tenía razón. Le habían roto el corazón.

18
¿TE VAS? ¡QUE TE VAYA BIEN!

Los manipuladores amenazan con irse. Te dicen:

—¿Sabes qué? Me tienes harto. Me voy de aquí.

Toman las llaves del auto y hacen aspavientos de que se van.

Algunos agregan:

—Si me pasa algo, tú vas a tener la culpa.

Las personas codependientes se ponen en la puerta y ruegan:

—No te vayas, José Alberto —como en las novelas—, ¡quédate, por favor!, ¡tenemos que hablar!

Y el otro, contesta:

—No. Yo me largo. Me perdiste, te quedas sola (o solo).

Parece un chiste, pero sucede todo el tiempo.

Entiende esto: la amenaza de irse, o el dar la media vuelta y desaparecerse, es una de las veintitantas formas de maltrato emocional. Si un manipulador te amenaza con abandonarte, ábrele la puerta y dile:

—Adelante, amiguito, que te vaya muy bien. Por mí puedes irte a darle la vuelta al mundo, pero tal vez cuando regreses, esta puerta ya no esté abierta.

Verás como no vuelve a hacerlo.

19
EL TREN DE CHICAGO

Cuando el hermano de mi esposa se casó, nos invitó a su boda en Chicago y nos quedamos a dormir en su casa que estaba junto a las vías de un tren de carga. Cada dos horas pasaba el tren y el piso temblaba. Parecía que la casita de madera iba a derrumbarse; mi esposa y yo no pudimos pegar los ojos en toda la noche, nos levantábamos aterrorizados cada dos horas.

Al día siguiente, le dijimos a mi cuñado y familiares que vivían ahí:

—¿Pudieron dormir?

—¿Por qué? —preguntaron.

—Pues… ¡por el tren! Qué horrísono, terrible, atronador.

—Ah, nosotros ya no lo escuchamos.

Mi esposa y yo nos miramos boquiabiertos. ¿Se habían acostumbrado a ese ruido? ¿De verdad no lo escuchaban?

Pensamos que estaban fingiendo, pero ¡era verdad!

¿Conoces personas que se la pasan regañando, sermoneando, gritando, protestando por todo? Al principio causan estrés a su alrededor, pero al paso del tiempo la gente se acostumbra.

Lo mismo puede sucederte. Deja de decirle a todo el mundo lo que tiene o no que hacer, deja de ser una persona gritona, regañona y fastidiosa. Que no les suceda a los demás con tus palabras lo que le pasaba a mi cuñado con el tren.

20
ELIGE TUS INCOMODIDADES

Tener mentalidad fuerte es aceptar el dolor del esfuerzo. Es saber que el éxito, la satisfacción, el dinero, el prestigio, el progreso, la fortuna, el ascenso, el desarrollo, *todo* por lo que vivimos y trabajamos, se encuentra FUERA DE LA ZONA DE CONFORT.

Quien se empeñe en vivir cómodo, en tener beneficios fáciles sin pagar el precio, sin esforzarse y sin despeinarse ni molestarse, simplemente jamás progresará. Será pobre, fracasado y frustrado. Pero lo peor es que, de todas maneras, sufrirá.

¿Sabes cuándo ya no te va a doler nada? Cuando te mueras. Mientras estés vivo vas a tener incomodidades. La incomodidad siempre va a perseguirte.

> Ahora tienes frío, o calor; está lloviendo; tienes hambre; te pusieron de malas, te hicieron enojar; te preocupas, te duele la cabeza; se te hizo tarde, tienes problemas, estás preocupado.

A todos nos pasa, no creas que eres la única víctima de las incomodidades en el mundo. Es normal, natural, pero, si eres inteligente, convertirás tus incomodidades en progreso.

Es más, de todas maneras, no te salvas, así que *elige tus molestias*: elige hacer ejercicio, estudiar, trabajar, escribir, leer, entrenar, emprender, crear, servir, amar, perdonar. Todo eso es incómodo. Y está bien.

Si te duele algo, úsalo a tu favor. De manera valiente y responsable traza tu camino al éxito.

Carlos Cuauhtémoc Sánchez

21
PARA ESTO VIVO

Estaba trabajando. Tenía muchos pendientes que atender cuando recibí la llamada urgente de mi hija de dieciséis años.

—¡Papá!, necesito verte.

Contesté, alarmado:

—¿Qué pasa? ¿Estás bien?

—Sí, pero quiero platicar contigo.

Le expliqué que tenía varias reuniones de trabajo y al día siguiente me iría de viaje; estaba muy apurado. Pero ella insistió.

—Papá, necesito que me des un consejo antes de que te vayas; no te lo diría si no fuera importante.

Me quedé frío. Eso no era habitual. Algo grave sucedía.

—¿Dónde estás?

—En la escuela.

—Voy para allá.

La encontré. Solita, junto a un poste en la banqueta, abrazando sus libros. Fuimos a una cafetería. Nos sentamos frente a frente; y comenzó a platicarme.

Mi alma volvió al cuerpo cuando entendí de qué se trataba. Resulta que había un muchacho de la escuela que le gustaba y no le hacía caso; y había otro que no le gustaba y quería conquistarla.

Me habló de sus confusiones sentimentales, de sus problemas en la escuela; de sus sueños, sus retos, sus tristezas y alegrías; de sus amores y desamores. Quería un consejo, pero, sobre todo, quería desahogarse.

Mientras ella hablaba, mi teléfono no paraba de vibrar. Mucha gente me estaba buscando.

Y entonces lo vi todo muy claro. Yo me parto el cuerpo y la mente luchando en los negocios y trabajando solo para lograr un propósito: poder pasar tiempo con mi hija, que ella tenga la confianza de platicarme sus problemas y me considere tan importante como para desahogarse conmigo.

Viéndola hablar, se me hizo un nudo en la garganta.

Apagué mi teléfono. Detuve mi cabeza con los puños y me concentré en disfrutarla.

Dentro de mí se repetía una y otra vez la misma frase: *Para esto trabajo y para esto vivo... Para esto trabajo y para esto vivo...*

22
RECONÓCEME, SOY YO

Estaba pasando un fin de semana en la casa de mi primo. Supe que sus padres, mis tíos, habían tenido un problema entre ellos. No se hablaban, pero había un ambiente tenso, como si una bomba de tiempo estuviera a punto de estallar. En la noche sucedió. Se gritaron. Pelearon con furia; casi con violencia. Después de una media hora de gritos y reclamos sin ton ni son se quedaron callados. Mi primo había ido a encerrarse a su recámara. Yo espiaba a mis tíos. Lo que vi me marcó para siempre. Ella parecía abrumada y lloraba. Él le pidió que se calmara. Le dijo:

—Amor, esto no tiene sentido. Por favor mírame a los ojos. Reconóceme, soy yo. Tenemos una historia juntos. Somos socios, amantes, compañeros, amigos —repitió—. Veme. Soy yo.

Esas frases fueron el inicio de una reconciliación entre ellos.

Entendí desde niño que si dos personas se aman, deben tener la capacidad de esperar el momento adecuado para hablar, y cuando estén solos, hacerlo mirándose a los ojos, con transparencia, con la conciencia de que no son enemigos, sino aliados y que, aunque pueden tener desacuerdos y hasta enojos, hay una historia y un pacto de amor que los une.

Si las cosas están mal con tu pareja o con alguien a quien amas, siéntate frente a esa persona y dile: *Mírame a los ojos, reconóceme soy yo, arreglemos las cosas.*

En ese contexto será mucho más fácil hacerlo.

23
DESPÍDETE

Es momento de decir adiós.

Adiós a los compromisos que no puedes o no quieres atender.

Adiós a las cadenas que te esclavizan a relaciones tóxicas.

Adiós a los amigos que hacen que te desvíes de tus planes y valores.

Adiós al recuerdo de otras épocas.

Las memorias de cuando estabas mejor en lo financiero, en lo familiar, en lo físico, hoy te agobian.

Las reminiscencias de traiciones que sufriste, las caídas o los golpes que te dieron, hoy te amargan.

Es momento de decir adiós, porque solo abandonando lo que no nos hace bien, podemos construir lo que nos hará mejor.

La vida es ahora, y para poder recibirla y disfrutarla con toda plenitud, necesitas aprender a despedirte.

Un joven se alejó de su pareja.

Cuando le pregunté por qué, me mostró una nota que estaba a punto de mandarle.

Decía:

> Te digo adiós porque me di cuenta de que ya no soy parte de tus prioridades; porque veo que te encuentras mejor sin mí.
>
> Estoy cansado de entregar todo a manos llenas; lo poco o mucho que tengo, te lo ofrecí. Me canse, sobre todo, de que no lo valoraras.
>
> He decidido atesorar lo mejor de nuestra historia.
>
> A pesar del miedo a quedarme solo, ahora me valoro y entiendo que mi felicidad no depende de otras personas, sino de mí.
>
> Por eso, amiga, te doy las gracias, y te dejo ir.

Me encantó la nota de despedida. Porque a veces hay que perseverar en el amor, y a veces hay que dejarlo ir.

Lo que sí es para siempre es esta idea:

Tu felicidad no depende de otras personas, depende solo de ti.

Carlos Cuauhtémoc Sánchez

24
EL PERRO NECESITA ALGUIEN QUE LO ENTIENDA

"Se venden cachorros de raza Border Collie".

El letrero estaba en la puerta de una enorme casa.

Un niño de diez años tocó. Preguntó el precio de los perritos. Eran caros.

—Me gustaría tener uno, pero no puedo pagarlo. Podría traer aquí unas monedas cada semana y así, en un año lo terminaría de pagar —miró al dueño de los cachorros a los ojos—. ¿Me lo vende?

El hombre se conmovió y aceptó. Le mostró los perritos. Eran seis. Pero uno de ellos no podía caminar. Había nacido con la cadera dislocada. El niño dijo:

—Me gustaría comprar el perrito enfermo.

—Ese no vale nada —contestó el hombre—. Está inválido. Nunca va a poder caminar bien. Lo van a dormir.

—¿Dormir? ¿Eso significa que lo van a matar?

—No lo veas así. Tal vez muera de todas formas. Es la ley de la vida. No todos los cachorros se logran en una camada.

El niño movió la cabeza con profunda consternación.

—Yo quiero ese perrito —insistió.

—¿Por qué?, con él no vas a poder correr ni jugar.

El niño se agachó y levantó la pierna derecha de su pantalón para mostrar una prótesis de metal. No tenía una pierna.

—Yo tampoco corro ni juego mucho, y el perro necesita alguien que lo entienda.

25
¿CÓMO PASÓ TANTO TIEMPO?

Estaba dando una conferencia frente a muchas personas cuando llegó mi nieto de tres años al auditorio. Entró corriendo desde atrás y gritó a todo pulmón:

—¡Abuelo!

Él es así. Alegre, impulsivo, apasionado.

Interrumpí mi conferencia para abrazarlo y presentarlo al público. Le di el micrófono y saludó a todos.

Su madre, apenada, subió por él y se lo llevó, pero el ritmo de mi charla cambió.

Yo me siento fuerte y joven.

¿En qué momento mis hijos se fueron de casa e hicieron su vida?

¿En qué momento me hice abuelo de seis nietos (y contando)?

¿Cuándo sucedió ese cambio? No me di cuenta. Fue un parpadeo.

De verdad (no es un cliché) lo menciono con tristeza y con conocimiento de causa. El tiempo se va muy rápido. Los años pasan volando.

Entre amigos te digo: la familia que tienes hoy solo la tienes hoy. Cuando menos lo pienses, habrá cambiado. Será diferente. Los niños crecen, hacen su vida, se van. Las personas enferman, se mueren, se mudan, cambian.

Tienes una gran familia *hoy*. Pero no siempre será así. Cada vez que puedas reúnete con tu pareja, con tus hijos, con tus hermanos, con tus padres. Conversa con ellos, juega, ríete.

La familia que tienes va a cambiar más pronto de lo que crees; y será diferente a la de hoy. ¡Así que disfrútala!

Carlos Cuauhtémoc Sánchez

26
MALTRATO EMOCIONAL

Una mujer me escribió:

> Estoy cansada de tratar de complacerlo. Para él, todo lo que hago está mal. No importa cuánto me esfuerce, siempre salgo regañada. Me da miedo decir cualquier frase o hacer algo que lo moleste; algo siempre le parece mal. A veces, solo me mira, mueve la cabeza y hace "pssss". y yo entiendo el mensaje, agacho la cara y me siento una basura. ¿En qué momento mi relación de amor se convirtió en opresión? Soy como una planta sin agua, como una mascota encadenada y sin comida. Me estoy muriendo.

Cuando leí este testimonio sentí una profunda pena. No me gustaría que algo así le sucediera a mi hija o a mi hermana.

Hay muchos (demasiados) hombres rígidos y fríos que sin darse cuenta menoscaban el amor propio de personas que aman. Algunas mujeres también lo hacen.

Amigo, amiga, si detectas que algo parecido, aunque sea mínimo, está comenzando a suceder, detenlo.

En tu familia no hace falta otro tirano; de esos hay muchos.

En tu familia, hace falta un héroe.

Y ese eres tú.

Carlos Cuauhtémoc Sánchez

27
A MI ESPOSA
LE GUSTA EL VECINO
(y a mí la vecina)

Mi esposa me dijo un día:

—¿Por qué no haces lo que el vecino?

—Pues, ¿qué hace el vecino? —pregunté.

—Todas las mañanas, cuando se va, le da un beso a su esposa.

—Pues ganas no me faltan —le dije—, pero no sé qué diga el vecino —aguanté la risa—, tal vez no sea tan compartido.

Es verdad.

Siempre estamos viendo (con envidia o con coraje) lo que tiene el otro o lo bien que le va al compañero que nos cae tan mal.

Pero, cuidado. Todos tenemos triunfos y luchas; virtudes y defectos; alegrías y tristezas.

No sobrevalores la vida de otros, ni subestimes la tuya.

Seguramente si supieras bien todo su contexto no te gustaría vivir en los zapatos del vecino.

Por eso amigo, amiga, mejor ama lo que es tuyo, disfruta tu trabajo, tu cuerpo, tus dones y dale a tu familia el justo y maravilloso valor que tiene.

Carlos Cuauhtémoc Sánchez

28
SI HABLAS MAL DE TU EQUIPO, LO DESTRUYES

Una mujer no dejaba de quejarse de su esposo, hasta que su hijo le dijo:

—Basta, mamá. Si odias tanto a mi papá sepárate de él, pero no me amargues la vida ni eches a perder mi relación con él.

Aunque todas las familias tienen problemas, no es lógico ponernos a pregonarlos solo como desahogo egoísta, queriendo acusar al que se equivoca y así lavarnos las manos.

- Si encuentras algo mal, acomídete a hacer las cosas bien.

- Si necesitas apoyo, busca a un profesional, o a alguien de tu confianza que pueda ayudarte.

- Si ves problemas, busca soluciones, pero no te pongas a hablar mal de los tuyos por todos lados sin ton ni son.

El orgullo de pertenecer a una familia lo creamos nosotros.

Por eso, siempre habla bien de los tuyos. Dignifica, honra, levanta el orgullo familiar.

Las palabras tienen poder.

Cada vez que te quejas a los cuatro vientos de una situación privada, conviertes esa situación en un hecho público consumado. Cavas la tumba de tus relaciones. No lo hagas.

Tu naturaleza no es destruir.

Sé inteligente y usa el poder de tu palabra para construir.

29
¿CUÁL ES EL PROPÓSITO DE LA REUNIÓN?

Un cliente molesto pidió hablar conmigo; estaba furioso. Alguien de mi equipo había fallado y le había dado un mal servicio.

Lo recibí. Llegó gritando, haciendo aspavientos agresivos, diciendo amenazas e insultos.

—A ver —le dije—, antes de empezar, vamos a ponernos de acuerdo. ¿Cuál es el propósito de esta reunión? ¿A dónde queremos llegar? ¿Usted desea demandar a esta empresa? ¿Va a tratar de destruirnos? ¿Quiere que peleemos con abogados y fiscales? ¿Hacia dónde vamos en esta junta?

Se detuvo indeciso. Le expliqué con tranquilidad que yo tengo una escuela de liderazgo y doy asesorías. Y le conté que el otro día estuve con una pareja de casados. La mujer quería hacerle reclamos a su esposo, pero antes de la confrontación los invité a ponerse de acuerdo en el objetivo de la reunión; le dije a ella: "¿Usted lo que busca aquí es sentar las bases para demandar, divorciarse, pelear la custodia de los hijos?, ¿o quiere que esta reunión sirva para que mejore su matrimonio?". Una vez que los dos estuvieron de acuerdo en el propósito, todo fue más fácil.

—Bueno —me dijo el cliente—, yo vine aquí porque quiero que me atiendan bien y que el servicio mejore. Nada más.

Cuando el cliente dijo eso, la actitud de los dos se alineó a un propósito; escuché sus molestias, aprendí de ellas, le di soluciones, y al final, ambos salimos satisfechos, crecimos y seguimos adelante haciendo negocios juntos.

30
EL MATRIMONIO ES COMO EL PÁDEL

El pádel es el deporte de mayor crecimiento mundial en los últimos años. Es adictivo. Confieso que caí en esa adicción. Mis amigos y yo sufrimos un terrible síndrome de abstinencia el día que no jugamos.

Cuando me preguntan por qué nos gusta tanto, les digo que la magia está en que solo puede jugarse en pareja. Sabes que tus errores le afectan a tu compañero, y te comprometes a jugar bien por él. Si fallas le pides disculpas. Si aciertas, él te felicita. Y tú a él. Ambos se ayudan, se aplauden las buenas jugadas, y se animan en las malas.

El matrimonio debería ser así: emocionante y divertido, porque los dos trabajan para ganar. Si uno se equivoca, el otro corrige; si uno acierta, los dos se benefician.

Cualquier jugada será exitosa mientras no discutan, no se hagan reclamos en público y no se peleen en medio del partido.

El pádel es de dos. El matrimonio también. No puedes pedirle a tu pareja que se retire mientras juegas tú. Tampoco puedes pedirle, a la mitad del juego, que se vaya mientras invitas a una nueva pareja a jugar.

Los viejos amores han muerto; no existen, se fueron para siempre. ¡Bloquea las fantasías de romances con otras personas! Sé fiel en cuerpo y mente.

Tu cónyuge es parte de ti. Se fusiona contigo. Así que sé paciente con él o con ella ¡y ganen juntos el partido de la vida!

31
¿QUIERES DESCANSAR?

Un joven estudiante no quería ir a la escuela. Le gustaron las clases en línea porque podía tomarlas acostado desde su celular, con la cámara apagada. A mediodía, después de fingir que estudiaba, dormía una siesta y en la tarde se sentaba a descansar de la jornada. No hacía tareas, porque era una carga demasiado pesada. Siempre se quejaba de eso.

Eso hacen muchos. La pereza es una epidemia creciente.

Amigo, amiga, ¿se te antoja tener una tarde de asueto y paz? ¿Te apetecen unas plácidas y tranquilas vacaciones? Muy bien. El descanso es necesario. Pero hay un pequeño requisito indispensable: para descansar: *se necesita estar cansado*.

El aburrimiento no te da derecho a descansar. Si te hartaste de algo, haz otra cosa productiva, o cambia el ritmo, o ponte un reto mayor, pero sigue trabajando. Cánsate. Agótate. ¡Quédate sin energías!

El mundo está lleno de perezosos, comodinos, mediocres que trabajan a medio gas y estudian lo menos que pueden; quieren todo gratis, sin esfuerzo, y por supuesto, en la tardecita se tiran a descansar.

Si quieres descansar, cánsate.

No puedes terminar una competencia reservando energía. O llegas a la meta, exhausto, o no llegues.

Solo si das lo mejor de ti, hasta agotarte cada día, la carrera de tu vida tendrá sentido.

Carlos Cuauhtémoc Sánchez

32
ARROGANCIA O
CALIDAD HUMANA

Tal vez eres una persona experta en tu área y has alcanzado una buena calidad profesional, pero por favor no pierdas tu *calidad humana*.

Hay profesionistas expertos (abogados, ingenieros, doctores, maestros, oradores, escritores, empresarios, políticos) que, por su buen historial, se vuelven orgullosos, altivos, arrogantes. Se sobrevaloran, se creen infalibles y terminan siempre menospreciando a otros.

La decadencia del experto comienza no porque se equivoque en su área (en eso es experto), sino porque se queda solo... Cree que cualquiera querrá trabajar con él, pero se equivoca. Cuando menos se da cuenta, la gente capaz le ha dado la espalda.

No importa quién seas, para seguir creciendo necesitas al mejor equipo.

Cuida a las personas a tu alrededor. Obsérvalas, aprécialas, oriéntalas, perdónales sus errores, capacítalas y no pierdas de vista que también tú eres vulnerable.

Jamás lo olvides: tu mayor virtud (la que tuviste al principio, cuando no eras nadie) y que debes mantener siempre es: TU CALIDAD HUMANA.

33
LA COSTUMBRE MATA AL AMOR

Él y ella se amaban, eran socios de vida, supervivientes de las mismas batallas. Pero se aburrieron de estar juntos. Ni siquiera pelearon ni discutieron. Solo una tarde se miraron con tristeza y se dieron cuenta de que la rutina les había robado la pasión, y ninguno tenía ganas de seguir luchando por su amor...

Entre amigos, te digo: ¿tienes pareja? Que no te suceda eso.

Una relación se alimenta de sorpresas, de actividades nuevas que se practican juntos. No necesitan ser cosas extravagantes, pueden ser pequeños cambios de hábitos, de comida, de lugares.

Las personas que se aman nunca terminan de descubrirse, hacen la vida y la convivencia interesante. Se elogian y se admiran mutuamente.

Siempre debemos encontrar motivos para admirarnos del ser amado.

Cuando amas a alguien lo admiras y la admiración proviene de las sorpresas continuas.

El amor y la costumbre son conceptos de convivencia opuestos. A más amor menos costumbre, a más costumbre menos amor.

La buena noticia es que podemos mover la tendencia provocando que cosas nuevas comiencen a suceder.

Empieza hoy.

Carlos Cuauhtémoc Sánchez

34
EL BUEN NOVIAZGO

Su novio la incitó a dejar los estudios e irse de casa.

—No le hagas caso a tus padres —le dijo—. Ellos quieren controlarte. Pero ya eres mayor de edad. No dejes que te manipulen. Declara tu independencia.

Ella le hizo caso; abandonó todo para irse con él y cuando él se aburrió de ella, la dejó sin nada.

Entre amigos te digo:

Un buen novio, una buena novia, no te estorba. No te obliga a cambiar, no te aleja de tus negocios, ni de tus entrenamientos, ni de tus estudios, ni de tus sueños.

Un buen novio o una buena novia no hace que te pelees con tus papás o con tus hermanos. Al contrario, te motiva a reconciliarte con ellos, a ayudarlos, a fortalecer tu familia.

En el buen noviazgo las dos personas se ayudan mutuamente a lograr sus anhelos, a alcanzar sus metas.

¿Sabes cómo darte cuenta de si tu novio o tu novia te ama de verdad?

Si te ama, quiere que te realices, que seas feliz y progreses, aunque eso signifique que no siempre pueda estar contigo.

En el noviazgo constructivo los dos se motivan a crecer, y juntos, se convierten en mejores personas.

Carlos Cuauhtémoc Sánchez

35
ELOGIA LOS ESFUERZOS

Vi a un niño llegar con su mamá, llevándole su boleta de calificaciones, feliz, porque en una escala del uno al diez, él había sacado nueve de calificación.

—Mira, mamá, mira, ¡saqué nueve!

Ella le preguntó:

—¿Y en qué te equivocaste?

En vez de decirle: "¡Bravo, extraordinario esfuerzo!", ella enfatizó su error.

Esta actitud es más común de lo que creemos.

Estamos acostumbrados a aplaudir las medallas de oro, los diplomas, los galardones, los ascensos, los buenos cheques, pero casi todos ignoramos y hasta despreciamos los esfuerzos.

En las familias se repite todo el tiempo.

El marido llega con su sobre de nómina y la esposa dice: "No nos alcanza, ¿cuándo vas a ganar más?".

La mujer hace de comer y todos dicen: "No me gusta esta comida, está insípida, siempre lo mismo".

El joven compite, queda en quinto lugar, y todos se encogen de hombros y hablan de otra cosa.

Pero, amigo, amiga, los grandes logros son producto de muchos esfuerzos. Antes de ganar es necesario fracasar varias veces sin desistir; los intentos fallidos no son sino el camino hacia el éxito. Por eso, cambia tu forma de pensar.

Cuando veas a alguien dando lo mejor de sí, aunque no haya logrado la excelencia, por favor, por lo que más quieras, *elogia los esfuerzos*.

36
¿CÓMO ES LA PAREJA IDEAL?

Una joven soñadora estaba haciendo su *checklist*: "Que sea alto, fuerte, de ojos verdes, rico, profesionista".

No estaba tomando en cuenta lo que de verdad importa.

Dos características:

La pareja que busques debería tener contigo "valores coincidentes" y "caracteres complementarios".

VALORES COINCIDENTES.

> Deberían coincidir en sus sueños y convicciones (sobre cómo debe ser una relación de amor, familia, fidelidad, religión, hijos). Deberían tener cultura, educación e inteligencia similares. Incluso deberían tener aficiones parecidas (de música, deportes, viajes, comida, naturaleza, amor por los animales...).

CARACTERES COMPLEMENTARIOS.

> Si uno es introvertido, sería mejor que el otro fuera extrovertido; si uno es competitivo, sería

preferible que el otro fuera cooperativo; si uno es impulsivo, que el otro fuera reflexivo.

Las relaciones de pareja duraderas cultivan estas coincidencias y estas diferencias. Es lo ideal para que se lleven bien a largo plazo.

Cuando hagas tu lista de requisitos observa estos detalles.

Si es demasiado tarde, porque ya elegiste, trabajen juntos en alinear sus nortes.

Y si conoces a alguien que todavía está en posibilidades de elegir, ayúdale a que vea el mapa completo.

37
ATIENDE AL NIÑO A TIEMPO

Cuando mi hijo estaba en segundo de prima-
ria, sacaba bajas calificaciones; no le gustaba
hacer tarea de aritmética y no quería leer. ¿Y
qué crees que hacía yo? Lo regañaba y lo castigaba; pero un día, me di cuenta de que el niño
invertía el trazo de las letras y confundía los
números.

Le hicimos varias pruebas y descubrimos que
tenía problemas de lateralidad, principios de
dislexia y falta de atención.

Él se esforzaba mucho. Aunque quería a toda
costa agradarme y agradar a sus maestros, simplemente no podía. Todo le salía mal.

Un niño que falla en la escuela y que es rebelde,
a veces, lo que menos necesita es un padre o un
maestro intolerante y compañeros burlones; lo
que ese niño necesita es ayuda, a veces terapia.

Muchos papás regañan a su hijo diciéndole:
"Necesito que tengas buena actitud, ¡y sonríe,
carajo!, sé más entusiasta".

Pero ignoran que el problema de un niño rebelde
o grosero rara vez es un problema de actitud.

Mi hijo recibió ayuda y terapia a tiempo. No fue fácil, porque eso cuesta dinero, atención y tardes enteras. Gracias a ello, salió adelante. Ahora es un joven líder, emprendedor exitoso. Eso jamás hubiera sucedido si en su niñez sus maestros y yo hubiésemos insistido en castigarlo, regañarlo y hacerle *bullying* porque no ponía atención en la clase.

¿Eres padre o maestro? Deja de criticar, pon atención a los detalles y actúa con inteligencia.

38
HAZTE FUERTE EN EL AMOR

El amor es como un músculo del alma, hay que ejercitarlo. Así como cuando quieres fortalecer tu cuerpo y vas al gimnasio, igual. Ejercita y fortalece tu capacidad de amar.

¿Cómo se hace esto? Con la mente, para empezar.

Vamos a hacer un ejercicio.

> Piensa en alguien de tu familia con quien hayas tenido problemas. Alguien que te ha molestado, o te ha perjudicado por alguna acción. ¿Ya sabes quién?

> Tienes control de tus pensamientos.

> Concéntrate. Pon esa persona en tu mente. Vela de pies a cabeza. Conoces sus luchas y temores. Conoces sus carencias. Sabes qué le duele, de qué pie cojea.

> Muy bien. ¿Ya tienes su imagen completa? Ahora pide una bendición para ella. Desea con todo el corazón que le vaya bien. De forma legítima, desea que tenga paz, que se haga más fuerte y resuelva sus problemas.

Si intercedes en vez de acusar, si comprendes en vez de juzgar, si ayudas en vez de estorbar, si perdonas en vez de reclamar, si das la mano en vez de insultar, en primer lugar, tú serás más fuerte para amar y en segundo lugar crearás las condiciones espirituales necesarias para que cuando estés frente a esa persona la veas con otros ojos.

En la familia debemos ejercitar el músculo del amor. Hacer que las cosas cambien, no en apariencia sino en esencia; de adentro hacia afuera.

Entre amigos te lo he dicho y te lo vuelvo a decir: en tu familia hace falta un héroe y ese héroe eres tú.

Carlos Cuauhtémoc Sánchez

39
LAS GAVIOTAS ADIVINARON

Había un muchacho que vivía junto al mar y jugaba con las gaviotas. Todas las mañanas iba al muelle y las gaviotas lo rodeaban por centenares; se le paraban en la cabeza y en los hombros. Y él las alimentaba. Un día, un hombre le dio dinero al niño y le dijo:

—Mañana, atrapa una gaviota para mí.

Al día siguiente, las gaviotas se acercaron al niño como siempre. Pero esta vez, danzaron alrededor de él, en el aire, y no bajaron.

Era la primera vez en años que no se le acercaban.

Ellas notaron las intenciones del niño... como a veces tú notas las de alguien que da señales extrañas.

El 70 % de la comunicación humana es no verbal, se da a través de miradas, gestos, movimientos de manos, pies, cuerpo. Si eres observador, solo con estar cerca de alguien podrías percibir sus intenciones, enojos o temores.

Lo mismo pasa al revés. La gente te observa e infiere...

Una de dos. O te vuelves un actor profesional, capaz de ocultar tus intenciones o eres legítimo y aprendes a explicar la verdad.

Hay quienes se especializan en ser buenos mentirosos. Especialízate en ser una persona honesta sin nada que ocultar.

40
ETERNO NOVIAZGO

Pocas parejas llegan a vivir treinta, cuarenta (o más), años juntos entusiasmadas y apasionadas. La mayoría de las que logran esa hazaña lo hacen resignados a la aceptación del aburrimiento. Pero no todas. Sí existen las que mantienen viva y creciente la llama de la pasión. Sí hay quienes se asombran día con día de la manera en que el amor entre ellos puede crecer.

¿Cuál es el secreto? Simple. Una relación de pareja se alimenta de actividades novedosas. Por eso los noviazgos son tan bellos e intensos, porque todo el tiempo la pareja hace cosas nuevas.

Haz que tu relación de pareja sea un eterno noviazgo.

Busquen la forma de sorprenderse todo el tiempo; hagan cada día cosas originales que sumen valor.

En tu caso: repara algo que esté roto, solo para sorprender a tu pareja. Escríbele notas, regálale abrazos, caricias, palabras, llamadas, elogios inesperados; dale un detalle *a la mamá* de tu pareja, o a alguien a quien él o ella ame; cómprale un suéter a su mascota.

Vayan a comer a lugares extraños; vivan aventuras con cierta carga de adrenalina; viajen; busquen itinerarios intensos. Hagan el amor todos los días (o los más días que puedan a la semana). No se limiten. No se reserven. Vivan su amor intensamente.

Así se crean los noviazgos eternos.

Ustedes pueden tener uno.

Lo vale.

41
DÉJATE ACONSEJAR

Él era sabio, inteligente y experimentado, pero no lo suficiente como para seguir aprendiendo. No aceptaba consejos porque el consejero, por excelencia, era él. Sus ínfulas de grandeza hicieron que se quedara solo. Era experto en detectar los errores de otros y decirles en qué se habían equivocado y qué debieron haber hecho. Su frase favorita era "te lo dije". Por eso sus amigos y familiares se alejaron de él. Estaban hartos de ser regañados.

Amigo, amiga, ¿alguna vez te has sorprendido diciendo frases como: "Te lo dije", "me hubieras hecho caso", "nunca me escuchas", "haces lo que quieres", "por eso te va mal"?

Creo que a ti y a mí nos gusta dar consejos. Se nos da bien eso de buscar y detectar en qué se equivocan los demás. Pero, justo por eso, la gente (que debería tenernos confianza) no nos cuenta lo que pasa, y prefiere alejarse de nosotros.

¿Por qué no mejor escuchamos y observamos?

¿Por qué no, antes de juzgar o aconsejar, callamos y aprendemos?

Las personas como tú y como yo hemos crecido y tenemos mucho que dar, pero no podemos olvidar que la grandeza proviene de la humildad, de saber callar, observar y por supuesto también de dejarnos aconsejar.

Carlos Cuauhtémoc Sánchez

42
NOVIO QUE GOLPEA

El video se hizo viral:

> En la fiesta de boda, la novia le hizo una broma al novio (su nuevo esposo). Fingió que le daba una rebanada de pastel y luego se la quitó. Riendo, volvió a hacerlo. Entonces el tipo, furioso, contestó la broma dándole a la mujer una tremenda bofetada que la tiró al suelo. Inverosímil. ¡Golpeó a la novia en plena boda, frente a todos los invitados!

El machito cobarde, inseguro, de mentalidad enana y hombría amputada por la imbecilidad, estaba declarando (algo que seguramente ella ya sabía, pues las señales siempre surgen como bengalas fugaces, pero evidentes) que le esperaba una vida de maltrato.

Qué bueno que yo no soy emperador porque decretaría que esos tipos maltratadores fueran colgados de los testículos, pero soy escritor y puedo decirles a las parejas, con absoluta certeza:

En el noviazgo (y el matrimonio) están prohibidas las amenazas, la manipulación, el infundirse miedo, o culpa; el ponerse apodos, decirse groserías, empujarse, golpearse, forzar las caricias o las relaciones íntimas (eso se llama *abuso sexual*, aunque sean pareja). Están prohibidos los celos excesivos, y el control de los horarios y actividades.

El noviazgo es una relación de confianza basada en el buen trato; un vínculo que eleva la autoestima de los dos, que respeta los gustos, el espacio personal, que crea progreso, y les brinda a las dos personas la sensación más importante: paz interior.

Haz que tu relación de pareja sea así. Y si no se puede, entre amigos te lo digo: deja esa relación y búscate otra ¡ahora!

Carlos Cuauhtémoc Sánchez

43
HAGAMOS CUENTAS
CON MAMÁ

Un joven le escribió a su mamá:

Mamá, quiero hacer cuentas contigo.

- Por lavar el coche, como me pediste, me debes 20 dólares.

- Por ir a la tienda cada vez que me haces una lista solo de este mes (ya barato), te lo dejo en 40 dólares.

- Por ayudar a mi hermana en sus tareas, 20 más.

- Por recoger la casa, que también me pediste, otros 20.

Cada mes, si te parece, hacemos cuentas, creo que es lo justo.

Por lo pronto, me debes 100 dólares.

La mamá de ese joven recibió la carta y lloró.

Al día siguiente, cuando el muchacho se levantó, había un billete de 100 dólares en su mesa con nota de su madre que decía:

Hijo:

- Por haberte dado la existencia…

- Por casi haber perdido la vida cuando naciste…

- Por haber pasado en vela muchas noches cuidándote cuando estabas enfermo…

- Por protegerte siempre y por darte mi ser entero…

No me debes nada.

Carlos Cuauhtémoc Sánchez

44
ESPÉRAME A QUE ACABE

Si entendiéramos que Dios permite el sufrimiento de sus hijos para que puedan madurar y crecer, entenderíamos que estamos en medio de un *proceso*. Hemos sido llamados a la perfección, a convertirnos en seres grandiosos, en una obra maravillosa de Dios.

Había una vez un famoso pintor que fue contratado para hacer un mural.

El prestigio del pintor le precedía y la promesa de que haría algo genial era conocida por todos.

Comenzó a pintar. Lo primero que hizo fue trazar infinidad de rayas sobre el muro.

El hombre que lo contrató llegó a ver el trabajo y lo cuestionó.

—¿No se supone que iba usted a hacer una obra genial? ¡Estas rayas no tienen ningún sentido!

—Todavía no termino —dijo el pintor.

Varios días después el hombre volvió a decirle:

—Usted prometió que iba a pintar una obra extraordinaria. Y aquí sigue habiendo rayas y ahora manchas.

El maestro le dijo:

—¿No entiende que aún no he terminado? ¡Espéreme a que acabe!

Tal vez veas rayas y manchas en tu vida. Pero si le preguntas al Maestro, creador y dador de tu vida qué está pasando, él te va a contestar:

—Espérame a que acabe...

Carlos Cuauhtémoc Sánchez

45
SOLO TOMA LA INICIATIVA

Aquel joven no había ocasionado los problemas de su casa.

No tomó la decisión de abandonar a sus hijos como lo hizo su padre.

No decidió volverse histérico y maltratador como lo hizo su madre. No decidió desertar en la escuela ni ponerse a fumar marihuana como lo hizo su hermano.

Él no ocasionó ninguno de los problemas que aquejaban su hogar. Pero estaba ahí. No podía irse. Esas eran su casa y su familia. Así que organizó una reunión con su madre y con su hermano. Y todo salió mal. Aun así, no se dio por vencido. Escribió notas, pidió ayuda a otros familiares, a consejeros profesionales, a hombres sabios.

Con el paso del tiempo las cosas comenzaron a mejorar. Gracias a él.

Este joven sabía algo que quiero decirte, entre amigos: tu familia debe ser extraordinaria porque tú estás ahí; no esperes (como hacen todos cuando algo está mal) que otros hagan el cambio para que las cosas mejoren.

No eres de los que se sientan a esperar. Aunque no seas tú el que esté ocasionando el problema, sí puedes ser tú quien aclare los malentendidos. Tú puedes escribir notas de reconciliación, puedes convocar reuniones. Puedes tender puentes en vez de levantar muros. Solo toma la iniciativa.

Repito. Tu familia debe ser extraordinaria porque tú estás ahí. Haz que pasen cosas buenas.

46
ES UN PRIVILEGIO
SER TU MAMÁ

Era la fiesta anual de una empresa importante. Los ejecutivos habían acudido con sus esposas.

Había una mujer cargando a su bebé. El gerente general le preguntó:

—¿Y usted, a qué se dedica?

Ella abrió mucho los ojos y alzó un poquito al bebé como diciendo: "¿No está viendo? ¿Es que no es obvio?".

El hombre hizo un gesto de pena. Ella se molestó. Así que dijo:

—La gente piensa que cuidar a un hijo y la casa no es un trabajo, sino un papel biológico, pero una mamá trabaja veinticuatro horas todos los días de la semana; es nana, cocinera, enfermera, maestra, compañera, proveedora, protectora, líder y sirvienta. Pero no gana un centavo por eso y la gente piensa que no hace nada.

Hubo un silencio tenso en la reunión.

—Una disculpa —dijo el gerente.

 Esa noche el bebé lloró más de lo normal. Su madre la pasó en vela. Cuando, al fin, el niño se durmió, ella, agotada, lo miró y le susurró:

—Nadie lo entiende. Yo tampoco. Pero es un privilegio ser tu mamá.

47
BUENAS NOCHES

¿Sabes cuáles son las palabras más importantes en una familia? ¿El abrazo de más valor? ¿El beso más importante?:

El que sucede por las noches, justo antes de dormir.

Está comprobado. El cuerpo genera hormonas de restauración cuando el cerebro duerme. Las células se regeneran. La mente se renueva. Es un reinicio natural.

En ese proceso diario, nuestro subconsciente recapitula las emociones e ideas del día, con especial énfasis en lo que sucedió justo antes de conciliar el sueño.

Por eso, termina cada día con un tiempo de calidad. Dale las buenas noches a tu familia. Cuéntales un cuento a tus hijos, platica con tus hermanos, con tus papás, cenen juntos (apaga la televisión), crea ese vínculo invaluable. Abraza a tu pareja, haz el amor (amándola y conquistándola de verdad).

No trabajes en la computadora o en el celular a esa hora en la que tus seres queridos bajan el ritmo y se preparan para descansar. Después, cuando ellos se hayan dormido, si necesitas regresar a la computadora (ojalá que no), hazlo, pero no te permitas estar ausente cada noche a esa hora de despedida del día en el que la gente que amas está más sensible y necesitada de un abrazo y de un beso de buenas noches.

Carlos Cuauhtémoc Sánchez

48
AL CENTRO DEL CUADRILÁTERO

Si dos personas están enojadas no deben discutir. El enojo lo empeora todo; la gente no piensa, acomete, exagera, causa heridas y desastres.

Imagina que para arreglar un problema hay un área propicia. Digamos un cuadrado. Solo podemos hablar, incluso discutir, cuando los dos estamos al centro del área. Traza en tu mente un cuadrilátero como de boxeo. Cuando dos personas están enojadas deben irse cada una a su esquina.

Mi esquina es mi biblioteca, ahí me encierro a solas, y no quiero que nadie me moleste. La esquina de mi esposa es su cubículo de manualidades y rompecabezas; ella se encierra ahí.

Cuando una persona está en su esquina, la otra debe respetar su privacidad. Está prohibido ir hasta allá y decirle:

—Anda, tenemos que hablar, debemos arreglar esto *ahorita*.

La persona enojada contestará con justa razón:

—Déjame en paz, dame aire. Aléjate.

Llegará el momento en que el enojo pase. La persona saldrá de su esquina e irá al centro del cuadrilátero. Al área donde pueden arreglarse los problemas. Entonces deberá decirle a su contraparte:

—Estoy listo, cuando quieras platicamos.

El otro tiene derecho a decir:

—Yo todavía no estoy listo y sigo en mi esquina.

El que ya se siente preparado para hablar no debe molestarse si el otro no está listo. No debe regresar a su esquina. Debe decir:

—Está bien. Aquí te espero. Cuando quieras hablamos.

Casi siempre mi esposa es la que llega primero al centro del cuadrilátero y dice: "Estoy lista". Yo me tardo un poco más, pero cuando llego, ella sigue ahí. Y, ya sin enojo los dos, hablamos y llegamos a acuerdos.

En la familia hay que ser respetuosos del espacio y del tiempo del otro.

Amigo, amiga, pelea con estrategia. Haz lo correcto para hacer que sucedan cosas buenas.

49
COMPRENDE A TU PAPÁ

Él fue un joven tímido. Se refugió en la pintura. Pasaba horas dibujando. A pesar de tener mucho talento había crecido con heridas secretas, baja autoestima, inseguridad profunda; incluso con deseos de venganza. No confiaba en la gente.

Desde niño su padre lo golpeaba cada vez que cometía un error, aunque fuera pequeño. Si en la escuela obtenía ocho de calificación en una escala del uno al diez, su padre le daba una cueriza; si se le caía el vaso con leche, le pegaba también; casi por cualquier error lo castigaba.

Pasó el tiempo. El joven salió adelante y se hizo un pintor famoso. En la presentación de sus obras en una importante galería, su padre apareció. Lo felicitó. Lo invitó a cenar.

Esa noche ambos abrieron sus corazones. El hijo le confesó sus heridas. El padre le platicó que cuando él fue niño su padre lo golpeaba a diario también. No era una justificación, pero sí una explicación. Los dos fueron dañados. Al final se abrazaron. El hijo lo comprendió y lo perdonó. En ese momento se rompió una cadena interior que lo había aprisionado, y fue libre para amar y para seguir creando.

No existe en la vida acto más fortalecedor que reconciliarnos con nuestro padre.

Entre amigos, te digo: si tienes algún tema pendiente con tu papá, enfréntalo, dirímelo, sánalo. Solo entonces serás completamente libre.

Carlos Cuauhtémoc Sánchez

50
¿POR QUÉ CAMBIÓ TANTO?

Una mujer recién divorciada se quejaba con su psicóloga:

—No entiendo por qué mi exmarido cambió tanto cuando nos casamos. De novios, él no era grosero, ni flojo, ni sucio, ni desordenado. Tampoco era violento. Al contrario. Era amable, caballeroso, puntual y pulcro. ¿Qué pasó?

—Tal vez te mostraba una imagen falsa —opinó la psicóloga—, y tú le creíste. Nadie cambia por casarse; él siempre fue como es, pero tú no lo conocías. Además, lo idealizaste. La culpa no es de él, es tuya. Supusiste, imaginaste, creíste que tenía cualidades que en realidad no tenía. Te enamoraste de un ideal creado en tu mente.

Era verdad.

Les pasa a muchos. Por eso hay tantas decepciones amorosas. Las personas ni siquiera se conocen bien y se vuelven pareja. Se enamoran de un ideal con características que no existen. Pero el amor verdadero se fundamenta en el conocimiento de la persona amada. Ambos entienden sus cualidades y defectos, y se aceptan tal cual son, sin sorpresas, sin fingimientos ni engaños. Y eso se consigue cuando deciden, por sobre todas las cosas, ser amigos. Los mejores amigos.

La psicóloga concluyó:

—La próxima vez, tómate tu tiempo y enamórate solo de alguien a quien conozcas de verdad.

51
TÚ NO METES AUTOGOLES

No le gustaba trabajar en esa empresa. Veía tantas fallas que siempre estaba hablando mal. Por lógica, era muy improductivo. Solía decir:

—¡Detesto este lugar; hay desorden, el equipo es desunido; el ambiente, desagradable! No tiene caso que me esfuerce aquí.

Un día, el director lo mandó llamar. Le dijo:

—Vamos a entrar a una licitación; la competencia es muy fuerte, así que quiero pedirte que nos ayudes a ganar; he sabido que no estás contento aquí, sin embargo, ahora mismo, ¡este es tu equipo y el partido ya comenzó! —el director se le acercó y lo miró a la cara—: y tú no metes autogoles, ¿o sí? —el hombre se quedó estático; apenas pudo mover la cabeza negativamente—, tú no juegas aquí para hacernos daño —continuó el director—, juegas con nosotros para hacernos ganar. ¿De acuerdo?

El hombre asintió sin hablar. Salió de la oficina caminando despacio; volteó alrededor. Respiró hondo. Era verdad. Había mucho por hacer.

Y sí, era cierto; él tenía el poder de meter goles, de hacer propuestas y cambios positivos. Decidió darle una oportunidad a la empresa y dársela a sí mismo.

La actitud suele ser más importante que la aptitud.

Nosotros no metemos autogoles.

Mientras juguemos en un equipo debemos, sin excusas, hacerlo ganar.

52
PRUEBA DE AMOR

El joven se lo dijo a su novia:

—Si me quieres, demuéstralo.

—¿Cómo?

—Ya sabes. Vamos a acostarnos. Es la prueba de amor.

Se da casi por sentado. Creemos que apenas la nueva pareja se abraza y se besa (así nos lo han enseñado), lo que sigue es tener sexo. Y si uno de los dos se resiste o se niega (casi siempre la mujer), el otro la presiona.

—¿No te gusto? ¿No me quieres? ¿Tienes algún problema?

Vamos a hablar claro:

La prueba de amor no es acostarse, la prueba de amor es apoyarse, aconsejarse, animarse, motivarse, acompañarse, comunicarse, elogiarse, divertirse juntos, reírse, discutir, ponerse de acuerdo, perdonarse.

La verdadera prueba de amor en un noviazgo tiene mucho menos que ver con el sexo de lo que imaginamos.

Podríamos decir, incluso, que es al revés. Si dos personas no pueden, no quieren o no le encuentran sentido a platicar, a pasar tiempo de calidad juntos sin tener que besarse y abrazarse, eso significa que en realidad no se aman.

Cuando dos personas se profesan verdadero amor, piensan, sobre todo, en cómo SUMAR VALOR a la vida del otro.

He ahí la prueba.

Carlos Cuauhtémoc Sánchez

53
CUALIDAD INDISPENSABLE DEL LÍDER

Te voy a compartir el atributo más importante y poderoso del liderazgo. Se aplica a todo en la vida: a la familia, a la pareja, a los negocios.

Lo dijo san Juan Bautista de La Salle refiriéndose a los maestros: "El maestro solo tiene que pensar en lograr una sola cosa...".

A ver, ¿cuál es el gran objetivo que debería conseguir un maestro? Te lo pregunto: ¿amar a sus alumnos? ¿Prepararse? ¿Ser coherente? ¿Ser excelente en lo que hace? Todo eso está comprendido dentro del gran objetivo. Uno solo. ¿Cuál es?

"... lograr que sus alumnos lo admiren".

Increíble concepto.

Es una cadena. Si haces bien las cosas, eso genera admiración y la admiración genera amor. No se puede amar a alguien a quien no admiras. En las parejas, cuando se acaba la admiración mutua se acaba el amor.

En la vida no se puede seguir a un líder a quien no admiras.

Para lograr que la gente te admire, tendrás que ser fuerte, sabio, generoso, ético, mil cosas. Pero simplifica la vida:

Haz *todo lo que tengas que hacer* para ganarte la admiración legítima de las personas que te rodean.

54
¿TE ROMPIERON EL CORAZÓN?

¿Te lastimaron?, ¿te traicionaron?, ¿te fue mal en el amor?

¿Ahora desconfías de todas las personas?, ¿crees que tienes mala estrella, que las cosas de pareja te van a salir mal y que tu destino es la soledad?

Te equivocas. Una mala experiencia en el pasado no determina tu futuro.

Eres una persona extraordinaria. Tienes sensibilidad, talento, belleza interior y exterior.

¿Sabes por qué la última persona con la que estuviste no vio todo eso? Porque tenía sus propios problemas, sus traumas, sus inseguridades y sus límites; no le puedes pedir peras al olmo.

Esa persona tenía un velo que no le permitía apreciarte. No pudo entenderte. No supo amarte, no quiso construir.

Ya suéltala.

Mírate al espejo; tú estás bien, tienes un mundo por delante.

Va a llegar alguien que te aprecie. Pero si te acaban de lastimar, no te pongas a buscar ahora. Primero dedícate a ti, a crecer, a aprender; a convertirte en tu mejor versión.

Y abre tu mente y tu corazón, porque sí, en su momento, volverás a enamorarte y te va a ir bien.

Carlos Cuauhtémoc Sánchez

55
UN GRITO DESESPERADO

Yo era director de una escuela cuando me enteré de que uno de mis alumnos se había quitado la vida.

El papá estaba ahí, en mi oficina, pidiendo el expediente de su hijo. Cuando me platicó lo que pasó me quedé helado. Abrí el folder y busqué la fotografía, porque el nombre del alumno me sonaba conocido, pero no sabía bien quién era.

Entonces vi la foto.

Por mi mente pasaron varias escenas; recordé que ese alumno era callado y distraído; que yo lo regañé varias veces porque llegó tarde a mi clase de Literatura, y porque no hacía sus trabajos. Lo recordé triste, pero también comprendí en un segundo que yo nunca me di el tiempo para preguntarle qué le pasaba ni para motivarlo.

Cuando supe que se quitó la vida, caí como en un profundo foso de introspección que me cambió para siempre.

Escribí la historia de este joven en el libro ***Un grito desesperado***.

El libro se llama así, porque antes de quitarse la vida, seguramente ese joven pedía ayuda a gritos con la mirada, con los gestos y a través de todos los poros de su piel. Nadie lo escuchó.

Después de ese, he escrito otros treinta y cinco libros más sobre valores y familia; me he dedicado a la educación, siempre ideando programas de empoderamiento para fortalecer el carácter, la autoestima y la inteligencia emocional de los jóvenes.

Ahora, cuando veo a un alumno triste, me aseguro de que yo o alguien de mi equipo esté ahí para hablar con él, abrazarlo y aconsejarle.

Entre amigos te digo: haz lo mismo.

Quién sabe. No es garantía, pero tal vez con un sencillo acto de amor e interés a tiempo podamos evitar otra tragedia.

Carlos Cuauhtémoc Sánchez

56
HERMANOS QUE
SE PELEAN A MUERTE

Él siempre vio por ella. Era su hermanita. Pero ella creció y ya no lo necesitó. Tampoco le dio las gracias. Entonces él le reclamó y pidió que le devolviera los regalos que alguna vez le dio. Ella se negó y se pelearon a muerte. Pero los dos sufrían. Sin saber cómo ni por qué, de un día para otro perdieron lo más valioso que tenían: su relación.

Amigo, amiga, ¿tienes un hermano o hermana?

Ustedes han compartido el amor, las alegrías, los juguetes, las fiestas, los problemas, las carencias, las discusiones de sus padres, los abrazos, el abandono, la soledad, el miedo.

Tú y tu hermano o hermana han sido rivales y cómplices.

En la vida se han divertido y han llorado juntos.

De alguna forma, han compartido sus sueños y sus pesadillas.

Ustedes tienen la misma sangre, el mismo origen.

Por eso, ayúdense, aconséjense, protéjanse.

Hay hermanos que, al morir sus padres, se demandan y traicionan por la herencia. Hay otros que se envidian y se meten el pie todo el tiempo.

Él llamó a su hermana y le pidió perdón. Ella lo abrazó. Entendieron que romper la relación entre hermanos es lo más fácil del mundo.

Para mantenerla fuerte y a salvo se necesita lo más difícil: humildad, capacidad de olvidar y volver a empezar. Pocos negocios difíciles son tan importantes y redituables.

Si está en tus manos, hazlo.

Haz una pausa, ahora mismo y llama a tu hermano o hermana. Pregúntale cómo está. Dile cuánto lo quieres y lo valoras. Dile que, a pesar de cualquier problema que hayan tenido, hoy y siempre, cuenta contigo.

Y vuelvan a empezar una nueva etapa en su unión.

57
MI PEOR ES NADA

—¿Por qué andas con ese muchacho? —le pregunté a una joven—, es mujeriego, vicioso y desatento contigo.

—Al menos me saca a pasear —contestó—. Peor es nada.

Me quedé asombrado. ¿De verdad alguien puede quererse tan poco a sí mismo que acepte una relación destructiva, o al menos que no lo llena, solo porque le tiene miedo a la soledad?

—¿Peor es nada? —repetí, incrédulo.

—Bueno —quiso corregir—. Todas mis amigas tienen novio. Cuando alguna de ellas termina, consigue otro de inmediato. No puedo quedarme atrás.

—¿Y cuál es la prisa? —le dije—, en el amor, más vale la calidad que la cantidad. Además, ¿qué pasaría si llegara a tu vida el hombre más extraordinario, ideal para ti, pero tú, en ese momento estuvieses ocupada como pareja de un rufián? Aunque le gustaras a ese hombre extraordinario, él te vería y pasaría de largo.

Entre amigos, te digo: la calidad de la pareja que elijas habla de tu propia calidad personal. Si no tienes a alguien que de verdad valga la pena, mantente disponible.

Tener noviazgos o parejas que no suman valor a tu vida, solo por tenerlos, te perjudica, te quita tiempo, te distrae de lo importante; te resta valor, te hace invisible a mejores partidos, puede lastimarte y crearte feas cicatrices en el alma que después se te notarán a leguas.

No tengas pareja solo porque tienes miedo a la soledad.

Para vivir el amor que *vale la pena*, *vale la pena* esperar.

Carlos Cuauhtémoc Sánchez

58
ERES SU PRISIONERO

Dos prisioneros de guerra sufrieron las peores torturas y vejaciones, pero la guerra terminó y salieron libres.

Después de varios años, uno de ellos llegó a ser empresario, rehízo su vida, se unió a su familia, volvió a ser feliz. El otro se quedó aislado, enfermo, solo, moribundo.

Un día, el primero visitó al segundo, al ver su situación se alarmó.

—¿Por qué estás así?

—Pues ya ves, así me dejó la prisión, las torturas. Los malditos enemigos de guerra, los odio con toda el alma.

—Ahora entiendo —respondió el hombre próspero—. Tú no los has perdonado.

—¡Claro que no! —gritó con dolor—. Lo que esos malditos nos hicieron no se puede perdonar. ¡Al menos yo no voy a perdonarlo jamás!

Entonces su amigo lo sostuvo del brazo con cariño y le dijo:

—Mientras pienses así, ellos seguirán siendo tus verdugos y tú seguirás siendo su prisionero.

No es difícil encontrar en nuestros recuerdos tortuosos a personas que nos hicieron daño. Todos tenemos a alguien que, por lo menos, en el pasado nos causó angustia y estrés. Alguien que tal vez nos quitó dinero, tiempo, paz, confianza, bienestar.

Detestamos a quien nos hizo prisioneros de la angustia. Pero esa persona ya no está. Se ha ido. No puede hacernos más daño. De modo que ahora debemos perdonarla, porque si no lo hacemos, mentalmente seguiremos siendo sus prisioneros.

59
A VECES LA VIDA DUELE

A veces la vida duele porque nos encariñamos con objetos, lugares y personas que tarde o temprano perdemos.

A veces la vida duele porque enfermamos, nos caemos y nos accidentamos.

A veces la vida duele porque, por más que queramos hacer las cosas bien, nos equivocamos. Y la culpa duele. Y los reproches y el arrepentimiento duelen.

Y confiamos en la gente, depositamos nuestra fe y nuestro cariño en personas que a veces nos traicionan. Y duele darse cuenta de la traición; duele reconstruirse, volver a empezar y duele perdonar.

Es cierto, a veces la vida duele. Pero en el dolor crecemos, nos hacemos fuertes, maduros, sensibles. Aprendemos; somos mejores personas, aunque no nos demos cuenta.

¿Sientes malestar o tristeza? No te desanimes.

A veces la vida duele, pero a pesar de todo esto, ¿sabes qué es lo más hermoso que tenemos? ¿Lo que le da sentido a lo que hacemos?

Eso que nos duele.

LA VIDA MISMA.

Lo más maravilloso.

Carlos Cuauhtémoc Sánchez

60
HACES FALTA

Ella creyó que no era suficientemente buena. Creyó que hacía mal las cosas, que estorbaba. Así que se fue. Abandonó su casa. También dejó su trabajo y emigró. Como es natural alguien llegó a ocupar su lugar (porque todos los huecos se llenan y los puestos se ocupan). El problema es que sus sustitutos invadieron el vacío, pero no hicieron las cosas igual. Y los suyos la echaron de menos.

Imagina que no estás, que desapareces.

Si te vas, alguien ocupará tu sitio, pero no va a ser lo mismo. Lo que puedes hacer tú, de la forma en que puedes hacerlo, no puede hacerlo nadie. Lo que puedes decir tú, de la forma en que puedes decirlo, nadie lo hará.

Haces falta.

Eres una persona importante, valiosa, necesaria. Tienes el potencial para hacer cambios. Los has hecho y ni siquiera te das cuenta. Has sumado valor con tus palabras. Puedes ser el elemento de unión. Si tú te vas, alguien puede ocupar tu lugar, pero no va a ser lo mismo.

Entre amigos, te digo: no te desanimes ni creas las mentiras de que vales poco.

No te menosprecies, no te quites el crédito, no creas lo que te han dicho los envidiosos o tontos de que te equivocas o de que deberías hacerte a un lado. No es cierto; tu simple presencia tiene un valor inmensurable.

Que nadie te minimice; mucho menos ese demonio maldito que te susurra al oído que podrías no estar y todo sería igual. Es mentira. No le creas.

Si tú te vas, nadie llenará el vacío que dejes.

Haces mucha falta donde estás.

Carlos Cuauhtémoc Sánchez

61
PECADO DE OMISIÓN

Tengo un amigo sacerdote que ha despedido a mucha gente en sus últimos momentos de vida.

Platicando con él, me dijo:

—Nunca he visto en su lecho de muerte a una persona arrepentida de no haber pasado más tiempo en su oficina; pero sí he visto a mucha gente arrepentida de no haber convivido más, influido más, ayudado más, a la gente a la que amaba.

Al final de los tiempos, cuando revises tu vida, no van a atormentarte tanto los errores que cometiste, porque seguramente si te equivocaste fue tratando de hacer lo mejor en aquellos momentos. Lo que verdaderamente te va a doler en la conciencia es aquello que *pudiste hacer y no hiciste*.

- Pude haber sido un buen hijo y no lo fui.

- Pude haberme reconciliado con ese ser querido que tanto amaba (con mi hermano, con mi hermana, con mi papá) y no lo hice.

- Pude haber sido un buen esposo, un mejor hermano, un buen padre, pero el orgullo y la soberbia me ganaron.

Entre amigos, te digo: todos nos equivocamos, es normal, está bien equivocarse, pero lo que no está bien es dejar de hacer lo que debemos hacer.

62
FRASES DE REPUDIO

"Gorda, ya no comas".

"Flaca, come más".

"Eres un enano".

"Qué narizota tienes".

"Usa el cerebro".

"Edúcate, aprende, habla bien".

"Termina lo que empiezas".

"Mejor cállate".

"Tú no sabes, no puedes, no sirves".

¿Te parecen conocidas algunas de esas frases? ¿Dónde las oíste? ¿Quién te las ha dicho? A veces, por desgracia, las ha proferido tu pareja o tu papá, o tu hermano.

En las familias predomina el reproche. Nos reprochamos todo, casi por costumbre. Nos hacemos sentir incompetentes, incapaces, inseguros, fuera de lugar; y lo hacemos a veces de forma inconsciente, quizá como revancha porque alguien más lo hizo con nosotros.

Pon un alto. No propicies ni permitas los reproches en tu casa. Tú eres diferente. Haz que en tu mundo (el pequeño universo en el que tienes influencia) las cosas se hagan de otra forma. Pon reglas. Defiende al repudiado.

Los hijos absorben cada situación que viven, la hacen suya y la repiten. Los padres no nos damos cuenta de la manera en que estamos marcando su destino cuando propiciamos o permitimos ofensas, gritos o maltrato verbal.

Si en la familia nos burlamos unos de otros, nos faltamos al respeto, gritamos, aventamos cosas, nos traicionamos y humillamos, nos va a ir mal en el trabajo, en la escuela, en la sociedad, en el amor (y en todo).

El tema más importante que aprendemos en casa son las relaciones humanas.

A ti también te lastimaron en tu niñez y los problemas que tienes con la gente provienen de esa raíz. Haz que las cosas sean diferentes en tu hogar.

Construye relaciones sanas.

Eres un elemento de cambio positivo. Sé líder para bien.

Carlos Cuauhtémoc Sánchez

63
HACE FALTA UNA MUJER

¿Puedes describir una casa en la que hay eso que llamamos "calor de hogar"? ¿A qué huele? ¿Cómo está decorada? ¿Qué roles familiares suceden adentro?

Imagínalos.

Ahora, dime: ¿quién le da esos toques especiales?

Cuando hay calor de hogar, suele haber también una mujer que lo propicia.

Lo mismo al revés.

¿Conoces familias en la que se percibe un ambiente frío, desangelado, vacío? ¿Has entrado a casas silenciosas en las que los habitantes desfilan por la cocina como zombis, en diferentes momentos, para comer comida congelada?, ¿sitios en los que no hay reuniones alrededor de una mesa, ni comunicación profunda?

Esencialmente, ¿qué (o quién) falta ahí?

(No es feminismo, ni machismo, es realidad objetiva).

Las mujeres suelen tener una sensibilidad especial que hace toda la diferencia en un lugar.

Mujer: tal vez no te das cuenta, pero (es imposible sostener a una familia con servidumbre, nanas o choferes); para que las cosas estén realmente bien hace falta tu toque y tu cuidado.

Aunque tu esposo y tus hijos no te lo digan, ellos te necesitan **a ti**.

64
LA CENA QUE CAMBIARÁ TODO

Un hombre se sentía solo; lastimado en su interior; su esposa y él habían tenido un largo periodo de alejamiento moral. Ella estaba demasiado ocupada con el bebé. Él tenía mucho que hacer en el trabajo. Ambos alojaban heridas secretas.

Él pensó en salir con una compañera de la oficina para desahogarse y abrirle su corazón. Pero no lo hizo. Fue una idea fugaz. En vez de eso, llamó a su esposa y la invitó a cenar. Le anticipó que tenía algo importante que decirle.

Ella se alarmó un poco. Llegó puntual a la cita.

Era un restaurante romántico a la luz de las velas. El hombre le convidó a su esposa una cena deliciosa degustando un buen vino. Y le abrió su corazón; le dijo lo que le dolía en el alma desde tiempo atrás. No reclamó. No le echó en cara sus errores. Solo le habló de sus propias confusiones y tristezas secretas, siempre con la actitud de quien platica con su mejor amiga.

Comprobó que las heridas se lavan hablando de ellas.

Juntos aprendieron que en una pareja casi todo se puede arreglar conversando con sinceridad, en el lugar y en el momento adecuado.

Es un principio.

Cuando somos honestos las cosas cambian para bien… primero en nuestro interior. Después con los demás.

65
SOLEDAD CREATIVA

Un joven estaba triste porque se sentía recha-
zado. Sus compañeros lo ignoraban. Los miembros del equipo no lo invitaban; la chica que le
gustaba ni siquiera lo veía.

Una noche se vio al espejo agachó la cabeza y
lloró. Pero después levantó la mirada y se dio
cuenta de que el mejor amigo que tenía era
él mismo. Entonces comenzó a darse ánimos,
a organizarse, planear, a soñar y comunicarse
consigo mismo. También se dio el lujo de pintar
y dibujar, que era su pasatiempo preferido.

Supe de él y reafirmé una gran verdad.

"Amarás al prójimo como a ti mismo", no es solo
un mandamiento, es una declaración de verdad.
Tal como te amas, así serás capaz de amar.

Para ser personas dignas de amor ajeno, necesi-
tamos *primero* ser dignas de amor propio.

Solo quien se ama y se preocupa por cuidarse
puede inspirar a otros a que lo amen.

Para exigir que te traten bien, antes debes creer
que lo mereces.

Deja de estar suspirando para que otros te quieran. Preocúpate por ti y *ocúpate* de ti. Crece, realízate, desarróllate, sé independiente. Encuentra placer y alegría en la soledad.

Lo que haces en soledad es una siembra que tarde o temprano cosecharás en público.

Lo que construyes cuando nadie te ve (cuando nadie te aplaude ni te reconoce), se va a convertir en el edificio iluminado que la multitud va a admirar y premiar.

Pero no puedes rendirte. No dejes de avanzar hacia tus metas. Sigue haciendo lo correcto.

Llegará el momento en que muchas personas importantes te admirarán y te amarán por lo que hiciste en tu soledad creativa.

Date cuenta de tu gran valor y no permitas que los demás te desprecien o te maltraten. Cada vez que toleras un maltrato, se sienta un precedente y los demás creen que pueden volver a maltratarte.

> Aquel joven supo esperar y trabajar a solas. Supo amarse y valorarse. Con el tiempo, se convirtió en un artista importante, admirado, respetado.
>
> Y encontró el amor.

66
SI LO AMAS, LO CORRIGES

Dice san Agustín en su libro *Confesiones*: "Es mejor el amor que disciplina que la maldad que premia".

¿Qué es preferible? ¿Tratar a un niño con cariño o regañarlo?

No te apresures a contestar. Porque ¿qué tal si quien lo regaña es el papá (quien lo ama y está corrigiéndolo para bien), y el que da la caricia es un secuestrador?

Si amas a tu hijo, corrígelo.

Siempre te será más cómodo hacerte el desentendido y dejar pasar las cosas cuando un hijo rebelde haga un berrinche, te rete o te desobedezca. Pero el amor implica trabajo y presencia. Implica enfrentar el momento incómodo de hablar cara a cara para decirle lo que hizo mal y las consecuencias que se ganó.

> Estábamos en un parque varias familias con nuestros hijos en edad preescolar celebrando el Día del Niño. De repente, un pequeño de cinco años comenzó a hacer una rabieta sin sentido. Algo no le gustó. O quería algo que no

le dieron. Gritaba y daba puñetazos al aire. De pronto, sin razón alguna, echó a correr. Todo ocurrió muy rápido. Se atravesó la calle y un coche lo golpeó. Hubo gritos. El pequeño estaba tirado en el pavimento con una contusión craneal. "¡Dios mío!", decía el conductor que atropelló al niño, "¡salió de repente, no lo vi!".

¡Hasta dónde puede llegar la irresponsabilidad de los padres que acostumbran a sus hijos a conseguir lo que quieren con berrinches y rabietas!

Vamos a entendernos. Un niño (sin importar su edad) tiene que aprender a comunicarse con los demás. Si aún no puede hablar, enséñale señas o sonidos con significado. Y en cuanto sepa hablar no permitas otra forma de entendimiento más que las palabras.

Si de verdad amas a tu hijo, acompáñalo en su crecimiento, pero, si es grosero, desobediente o retador, repréndelo.

"Ama y haz lo que quieras", decía san Agustín. "Si te callas, hazlo por amor; si gritas, grita por amor; si corriges, corrige por amor".

Que la raíz del amor esté dentro de ti.

Aquel niño sobrevivió. Pudo no tener tanta suerte.

67
¿PERDONAR A TUS ENEMIGOS?

¿Si alguien te está haciendo daño y ha emprendido una guerra en tu contra, debes perdonarlo?

> Un asaltante ha capturado a tu hija. La tiene amarrada. Amenaza con matarla, ¿debes perdonarlo?

> Un maltratador te está intimidando y extorsionando, ¿debes perdonarlo?

Entonces, ¿dónde queda el mandamiento cristiano de perdonar a tus enemigos? ¿Y el de que debes perdonar setenta veces siete?

Vamos a ver.

Ni siquiera Dios perdona al infractor perverso. Para merecer el indulto, la persona debe estar profundamente arrepentida. Si queremos ganarnos la misericordia de Dios, es requisito indispensable tener un corazón contrito y humillado.

Comprende y aplica correctamente el concepto del perdón.

Tú debes perdonar solamente a la persona que ya no quiere o ya no puede hacerte más daño en cualquiera de estos supuestos:

1. Porque se arrepintió de corazón y te pide perdón.

2. Porque de verdad ha cambiado y te promete algo distinto.

3. Porque ya no está cerca y ha dejado de tener poder sobre ti.

Son tres posibilidades. Repásalas. Representan la única forma en la que puedes perdonar. Si alguien en el presente está maltratándote, amenazándote, humillándote, no solo no debes perdonarlo, sino que debes ponerte en guardia, en pie de lucha, defenderte e, incluso, contraatacar.

Carlos Cuauhtémoc Sánchez

68
REACCIONES PRIMITIVAS
(primates, casi)

Reaccionar es devolver una acción. *Ojo por ojo. Como me tratas te trato.*

Demasiado primitivo, primate, casi.

Pero así somos. Así venimos programados a este mundo. Es instintivo: alguien no te saluda, pues no lo saludas; te ignora, lo ignoras; te ve feo, lo ves feo; te grita, le gritas; te insulta, lo insultas; te sonríe, le sonríes.

Pero tú eres más que un ente impulsivo y salvaje. Eres un ser humano de índole superior. Creativo, creador, inteligente, emprendedor. Por eso practica no reaccionar.

Cuando tengas el impulso de devolver una agresión, haz un alto. Respira y detente tres segundos. Después actúa de forma distinta. Actúa conforme a tu código de valores y no conforme a lo que otros harían de forma reactiva.

Dicen que todos bailamos al son que nos tocan. Tú no. Tú pones el son para que otros bailen. ¿Cómo?

Cuando llegues a un lugar y veas a todos con su cara larga y malhumorada, no reacciones poniendo una cara de enojo también; al contrario. Si alguien no te saluda, llega de frente y salúdalo sonriendo, incluso dale un abrazo, una palmada en la espalda y un elogio.

Luego pasa junto a otro amargado y también sonríele y sé amable.

Hazlo de manera consciente. Verás que ellos te empezarán a saludar y a sonreír. Casi por reflejo. Primero desconcertados, luego agradecidos.

Alguien debe traer música al silencio pesaroso; dulzura al plato amargo; luz al recinto lóbrego.

Tú no reaccionas de forma primitiva. Accionas de manera superior. No bailas al son que te tocan, tú pones el son para que otros bailen.

Que tu simple presencia haga que el ambiente mejore.

Eres un líder que deja huella.

Carlos Cuauhtémoc Sánchez

69
AMOR A PRIMERA VISTA

Él y ella se enamoraron sin conocerse bien. Tuvieron un acercamiento físico y probaron besarse en la boca. Les gustó. Luego escalaron sus caricias y les gustó más. Pero cuando los cuerpos se saciaban, como ocurre después de una comilona, y ha llegado el momento de la sobremesa, tenían muy poco de qué hablar. Eran amantes, pero no eran amigos. Mala combinación. Es como ser futbolista sin piernas, o pianista sin dedos, o cantante sin voz. No se puede. No a la larga.

Vamos a entendernos. Una buena pareja amorosa, primero, como requisito indispensable, está conformada por dos buenos amigos.

Dos personas que mantienen una relación de amor constructiva, por definición, deben ayudarse, acompañarse y complementarse. Deben ser capaces de platicar mucho, escuchar, reír, discutir, charlar, por horas; así son los amigos; se sienten cómodos uno junto al otro; son ellos mismos, no fingen, se comunican en un nivel profundo y disfrutan su cercanía sin máscaras y sin que haya, necesariamente, excitación sexual.

Para amarse hay que conocerse.

Voy a hacerte una pregunta: ¿Tú amas a mi abuelita? ¿Y por qué no la amas? ¡Si mi abuelita es dulce, amable, cariñosa! Lógico. No la amas porque no la conoces.

Es un principio básico. Tú no amas a la gente que camina por la calle, ni a la que se sube al metro contigo. Para amar a alguien necesitas conocerlo.

Entonces, ¿por qué crees en el amor a primera vista? ¿Por qué te enamoras de alguien extraño? ¿Por sus ojos, por su sonrisa, por sus dientes, por su cuerpo? ¿Porque besa y acaricia muy bien? Eso no es amor, es atracción química, es erotismo, deseo sexual, idealización; es lo que quieras, pero no amor.

Dicen que el amor es ciego. ¡Mentira! El amor conoce las virtudes y defectos del ser amado, conoce los triunfos y fracasos, las certezas y miedos. Ve más allá de las apariencias, ve el alma.

Si sientes que tú y tu pareja están juntos por cualquier razón, pero no son los mejores amigos del mundo, deténganse. Revisen las cosas. Sepárense a tiempo, antes de que alguien salga lastimado.

Carlos Cuauhtémoc Sánchez

70
CUANDO LAS COSAS TE SALEN MAL

Trataste de hacer algo difícil (o no), y fallaste. Cometiste un error.

No conseguiste lo que querías.

Participaste en un proyecto que no funcionó.

Todo se vino abajo.

¿Te ha pasado? ¿Qué piensas? ¿Cómo reaccionas?

Hay dos maneras:

1. Vergüenza (y deseos de desaparecer).

2. Coraje (y deseos de reintentar).

La primera reacción significa aceptar la derrota. En tu diálogo interno te dices: "Soy un inepto, me rindo y me voy; qué vergüenza".

La segunda reacción es un grito interno de no aceptar la derrota. En tu diálogo personal te dices: "¡Ah, cómo de que no; ahora lo resuelvo! Van a ver de lo que soy capaz".

Es cuestión de mentalidad.

Pero piensa. No hay problema que no se pueda resolver con tiempo, trabajo y enfoque.

Cuando resuelves un reto, progresas.

Gracias a los problemas, avanzas. Cuando los resuelves, la satisfacción te brinda fortaleza mental, confianza y poder.

¿Vergüenza y deseos de desaparecer? O, ¿coraje y deseos de reintentar?

Tú eliges.

71
SIETE PALABRAS MÁGICAS

Hay siete palabras (o frases) mágicas que te van a hacer la vida más fácil y te van a convertir, ante los ojos de todos, en una persona educada, correcta y elegante.

Estas siete palabras son tan poderosas que algunos maestros las enseñan a los niños como parte de su educación básica.

Las primeras dos tienen que ver con el momento en que entras a un lugar y te vas. Saluda y despídete. Cuando llegues, mira a la gente a los ojos, sonríe y saluda. "Hola, ¿cómo estás?, buenos días, buenas tardes, buenas noches, qué gusto verte". Y cuando te vayas (no te desaparezcas), di "adiós, hasta luego, hasta pronto".

Las siguientes dos tienen que ver con dar: dar las gracias y dar elogios. Son una muestra de grandeza y de humildad al mismo tiempo, porque significa que reconoces a la otra persona. Dar las gracias y dar elogios significa que valoras a otros y no hay soberbia en ti.

Las tres últimas tienen que ver con pedir: porque en la forma de pedir está el dar. Pedir disculpas, pedir permiso, y pedir las cosas por favor.

¿Las repasamos? Son las 7 palabras más poderosas del idioma:

1. HOLA.
2. ADIÓS.
3. GRACIAS.
4. TE APRECIO.
5. DISCULPA.
6. PERMISO.
7. POR FAVOR.

72
NO ME VENGAS CON BERRINCHITOS

Voy a explicarte el círculo vicioso de los berrinches.

Uno: el niño quiere algo y piensa que nadie lo escucha.

Dos: hace un berrinche. Llora y patalea.

Tres: el padre (una de dos) le da lo que quiere o lo maltrata.

Cuatro: el niño, si se salió con la suya, se envanece, si fue maltratado se siente humillado.

Cinco: piensa que nadie lo escucha y el círculo se repite.

Esto es recurrente. Más grave cada vez. El niño nunca madura y su autoestima se daña (en altivez o menoscabo).

Debemos romper el círculo vicioso.

¿Cómo? Desde el inicio.

Él debe saber que lo escuchas. Crea una conexión con él y enséñale a negociar. Si aun así pierde el control, en vez de ceder a lo que pide o maltratarlo, velo a la cara, pregúntale por qué llora, y hazle saber que la única forma de obtener algo es hablando.

Si sigue haciendo berrinche, ignóralo, ¡por completo! Dile que no te puede tratar así y DEBE esforzarse en comunicarse. Si continúa gritando lo mueves de habitación y/o simplemente actúas como si no existiera.

Debe entender *con absoluta claridad* que solo puede ganar algo si se comunica. Y en cuanto lo haga, escúchalo, prémialo, atiéndelo, abrázalo.

Así se hace con un niño berrinchudo. Con un adulto, también.

73
HAZ QUE TUS HIJOS SEAN RICOS

Existe una competencia social por pertenecer a estratos superiores. Siempre ha existido.

La gente cree que la riqueza material nos convierte en mejores personas.

Ese pensamiento materialista absurdo se refleja en la educación y los niños lo aprenden.

Pero la verdadera riqueza humana no es material; es en realidad una condición del alma y del carácter.

Los NIÑOS POBRES son perezosos, no se esfuerzan, detestan el estudio, pero exigen juguetes y diversiones todo el tiempo.

Los NIÑOS POBRES se creen merecedores de todo, ostentan lo que tienen, no conocen el valor de las cosas, no saben ahorrar y nada les causa ilusión.

Los NIÑOS RICOS en cambio, saben que todo tiene un precio, y que el precio de las cosas se paga con trabajo y esfuerzo.

Los NIÑOS RICOS no tratan de ganar favores haciendo berrinches o pataletas, sino hablado.

Los NIÑOS RICOS saben ahorrar; saben dar, saben sembrar. Son sencillos de corazón y fuertes de mentalidad.

Muchos papás se obsesionan por darle todo a sus hijos y heredarles dinero, pero solo EDUCANDO EL CARÁCTER podremos darles a los niños riqueza real.

74
LA FAMILIA O EL DINERO

Una mujer rayó el auto. No fue un accidente grave, solo que no calculó el espacio del portón semiabierto del garaje. Pero su esposo se enfureció. La regañó con excesiva dureza.

Le dijo:

—Mujer descuidada, inconsciente, tonta, tu error va a costar dinero, y el dinero no nos sobra.

Días después, la hija descompuso un aparato de sonido y el hermano le hizo otra escena terrible :

—No sabes lo que cuestan las malditas cosas?

En esa familia todo error se traducía en dinero. Siempre se hablaba de lo mismo, al grado en que cuando los padres se divorciaron se hicieron pedazos por temas económicos.

Vamos a hablar claro.

Sí; en casa debemos ser cuidadosos con los bienes materiales, pero ninguna cantidad de dinero vale nuestra relación.

La unión con tus hermanos, con tus hijos, con tu pareja, es mucho más valiosa que cualquier objeto o cuenta bancaria.

Entre amigos, te digo: si una relación se daña por causas económicas, no valía nada, porque *el dinero solo vale dinero*, y la familia no tiene precio.

75
OFRENDA AFECTIVA

Un hombre llegó con su esposa y le dijo:

—Te invito a viajar. Deja todos los pendientes y vámonos. Quiero que pasemos un tiempo tú y yo solos.

—¿Y eso? —preguntó ella, asombrada—. ¿Te sientes bien?

—Sí. Solo quiero demostrarte cuánto te amo y valoro tu compañía.

Esa pareja había tenido problemas, pero el hombre aprendió que existe un recurso terapéutico llamado "ofrenda afectiva", capaz de salvar y sanar cualquier relación.

Una ofrenda es un regalo que das como voto de confianza a alguien a quien respetas. Si es afectiva, significa, además, que la das por amor. Es gratuita, inesperada, sin referencias a los aciertos o a los errores que se cometieron y tiene el objetivo de demostrar cuánto valoramos a alguien.

Piensa en tu pareja. O en un miembro de tu familia. ¿Qué puedes regalarle que cumpla esos requisitos? ¿Una carta? ¿Una confidencia? ¿Un objeto? ¿Una cena? ¿Unas palabras de elogio?

Aquella pareja reescribió su historia de amor.

Tú puedes hacer lo mismo.

76
¿PERDONAR UNA INFIDELIDAD?

¿Tu pareja te fue infiel?

Para empezar, entiende que no es culpa tuya.

No te falta belleza, o gracia, o carisma, o sensualidad. La infidelidad de tu pareja es responsabilidad de él o de ella. A él o a ella fue a quien le falto carácter, integridad, inteligencia emocional. El que se cayó y se ensució de mierda fue él o ella, no tú.

No te dejes engañar, tú no tienes la culpa, estás con una persona que se equivocó.

Ahora, ¿puedes perdonarla?

Aunque lo hagas habrás perdido la confianza y tu pareja tendrá que trabajar en resarcir el daño que te causó. Pero sí. Podrías perdonar si él o ella entiende y reconoce que se equivocó, que cometió un error, si está arrepentido/a y promete con su vida no volver a caer.

Por otro lado, si tu pareja no reconoce su error, no está arrepentida y tiene intenciones de seguir siendo infiel, entonces, ¿qué haces ahí?, la relación está muerta. Pero también debes perdonar, por tu propio bien mental, para liberarte, y volver a hacer tu vida sin ataduras emocionales.

Entre amigos, te digo: tú mereces la historia de amor completa.

No te conformes con menos.

77
LENTO PARA JUZGAR

Conozco a un hombre muy seguro de sí mismo, ruidoso, histriónico, hipersociable, casi rimbombante. Confieso que me caía un poco mal, porque yo soy más bien taciturno y antisocial.

Tuve que ir a su casa un fin de semana a recoger ciertos documentos a una hora en la que él no esperaba a nadie. Por alguna razón no me contestó el teléfono y llegué sin avisar.

Abrió y me saludó con su habitual sonrisa. Me dejó pasar a la sala, y lo vi como es, sin su disfraz social: estaba trabajando en un ambiente de carencias, cargando a un familiar enfermo, él mismo con problemas de salud y luchas secretas.

Sentí a la vez pena y empatía.

Entendí que es un gran hombre. No soberbio ni engreído, como alguna vez pensé.

Me sentí mal conmigo, porque a veces, juzgo a las personas por su apariencia y ni siquiera sé cuáles son sus problemas y sus necesidades escondidas.

Detrás de un altivo suele haber un ser humano solitario, necesitado de amor y de ayuda.

Desde entonces me propuse ser más lento para juzgar y más presto para comprender y escuchar.

Te sugiero que hagas lo mismo.

Carlos Cuauhtémoc Sánchez

78
EL ESPEJISMO DE LA ACTITUD

No todo se resuelve con buena actitud.

Tú no le puedes decir a una persona enferma: "Ten buena actitud".

No le puedes decir a un niño con déficit de atención o hiperactividad: "Mejora tu actitud".

No le puedes decir a un joven que ha caído en drogas o alcohol: "Cambia de actitud".

No le puedes decir a tu hijo rebelde, ni a tu pareja que está enojada contigo: "Ten buena actitud".

La buena actitud que otros necesitan tener a veces es un espejismo.

Lo que las personas que están cerca de ti necesitan con frecuencia no es actitud ni oír ese consejo facilón y grosero de tu boca, lo que necesitan es ser escuchados, ser comprendidos. Necesitan a alguien que pueda ir con ellos hasta el fondo del problema para darles la mano. Necesitan amor.

Haz un repaso de las personas cercanas que has creído que tienen mala actitud. La próxima vez que tengas el deseo de sermonearlas, detente. Considera que tal vez lo único que necesitan es sentirse amadas, escuchadas, guiadas. Algo que tú puedes hacer por ellas.

79
HAZ CRECER TUS MARCAS

Tú trabajas para dos empresas (al menos).

La primera eres tú mismo, se llama empresa **PERSONAL**. ¿Cuánto ganas?, ¿cuánto puedes?, ¿cuánto prestigio tienes como marca?

La segunda empresa para la que trabajas se llama **ORGANIZACIONAL.** Se conforma por una o varias organizaciones a las que perteneces: tu negocio, tu familia, tu matrimonio, tu club, tu iglesia, tu escuela, tu trabajo. Esas organizaciones son tus marcas organizacionales.

Tu misión en la vida es esta: generar grandes resultados en las empresas para las que trabajas. En primer lugar, tu marca personal, pero también, con igual importancia, las empresas organizacionales de las que formas parte.

Los buenos resultados que puedes generar implican avance, crecimiento, mejores condiciones; tú tienes la capacidad de crear progreso en tus dos marcas. La tuya y aquella para la que trabajas.

Si un colaborador hace ganar a su equipo, automáticamente su equipo es más fuerte gracias a él, y él mismo como persona productiva logra tener una mayor cotización.

Si haces crecer el lugar donde tienes influencia, te convertirás en líder; y la marca que representas será más valiosa.

De nuevo.

Tu misión es generar buenos resultados.

Simple pero profundo.

Cumple tu misión.

80
LA FAMILIA, ESCUELA DE VIDA

Hoy abundan pseudointelectuales descerebrados en redes sociales diciendo que la familia es un modelo obsoleto o inútil. Aunque a ellos les haya ido mal no pueden tapar el sol con un dedo:

> ¿Dónde estaba un secuestrador, un asesino, un delincuente de cuarenta años, hace treinta y cinco? ¿Quién era? ¡Estaba en una familia y era un niño!

> La familia ha sido y siempre será la escuela de la vida.

Los niños vienen al mundo en blanco y aprenden todo desde pequeños. Si en la familia hay modelos de infidelidad, maltrato, violencia, alcohol, droga, pereza, suciedad, promiscuidad, mentiras, abusos, ¡eso es lo que el niño va a aprender y a repetir! Si la familia abandona al niño, él aprenderá de sus amigos en la calle o de su familia sustituta.

Pregúntale a un niño de cinco años si necesita o no de una familia donde aprender buenos hábitos de estudio, trabajo, limpieza, salud, respeto, lealtad, responsabilidad…

Ahora. Vamos a hablar claro. ¿Se puede tener un matrimonio y una familia feliz a largo plazo? ¿De verdad? Con toda objetividad, ¿se puede?

La respuesta es contundente, inmediata y clara. Sí se puede. Te lo dice alguien que tiene más de treinta y cinco años de casado, seis hijos (tres naturales y tres políticos, pero los seis son mis hijos). Seis nietos y grandes frutos.

Nosotros hemos seguido dos principios básicos.

EL PRIMERO. Todos en la familia trabajamos y estudiamos fuerte; somos prósperos de forma individual, no hay nadie que sea parásito.

EL SEGUNDO. Todos tenemos la mentalidad de compartir con los demás lo que producimos. Siempre queremos dar; que los otros se sientan bien; nos ocupamos en brindar y provocar calidad de vida a los demás miembros de la familia.

Ese es el secreto. En el matrimonio y en la vida con los hijos.

La familia no es un modelo obsoleto. Al revés. Si haces bien las cosas, la familia es lo más poderoso, lo más hermoso y lo mejor que te puede pasar en la vida.

Carlos Cuauhtémoc Sánchez

81
TRES OPCIONES
PARA TU MUERTE

Imagina que estás en tu lecho de muerte, es el momento de despedirte de este mundo. Es cuestión de días u horas. ¿Qué te gustaría poder decir en ese lugar?

Te voy a dar tres opciones:

> Primera. Me estoy yendo de este mundo con la satisfacción de haber logrado el dinero que quise. Acumulé la riqueza material que me propuse. Tengo una gran cuenta bancaria, muebles, inmuebles, autos, joyas. Económicamente triunfé. A pesar de que me quedé solo, sola; de que nadie confiaba en mí, de que me pelee con mis papás, con mis hermanos, con mi pareja, y no tengo familia.

¿Te gustaría que ese fuera el resumen de tu vida? Te voy a dar una segunda opción.

> Me voy con la satisfacción de haber logrado una gran carrera profesional; logré todos los títulos, diplomas y reconocimientos que me propuse. En mi área, el mundo me considera

una autoridad. A pesar de que me peleé con todos en mi casa, de que rompí mi hogar, de que ni mis hermanos, ni mis hijos, ni mi pareja confían en mí, y estoy solo, sola.

¿Te gusta esa segunda alternativa?

Te voy a dar una tercera.

Como resumen de tu vida dices:

> No logré todas mis metas económicas ni profesionales; muchas sí, por supuesto, pero, aunque no llegué a la cúspide financiera ni de trabajo, estoy aquí, rodeado de la gente que me ama: mis hermanos, mis hijos; mi familia que me respeta, me admira y me quiere. Ellos confían en mí. Fui feliz y ayudé a ser felices a las personas a las que amo.

¿Te gusta esa tercera opción?

Pues si es así, tengo que decirte que no eres sincero, porque tu vida está centrada en el dinero y la profesión, y ni eres feliz, ni estás ayudando a ser felices a las personas que amas.

Amigo, amiga, ¿para qué trabajas tanto si te estás quedando solo?

Carlos Cuauhtémoc Sánchez

82
UNA SUEGRA
AGREDIÓ A SU NUERA

Vi esta vergonzosa escena familiar. Una pareja de recién casados llegó a la casa de los papás de él. De pronto, la suegra comenzó a agredir a su nuera; le hizo reclamos y las cuñadas se sumaron; le faltaron al respeto, le hicieron entender que no era bienvenida en esa familia. Lo más terrible fue que el marido recién casado no defendió a su esposa, no la apoyó, se quedó callado mientras sus hermanas y su mamá la agredían. El hombrecito de pacotilla se encogió de hombros y le dijo, después, a su esposa:

—¿Qué querías que hiciera?, no me puedo pelear con mi madre.

Vamos a entender el asunto:

Cuando dos personas se casan forman una nueva familia principal que está por encima de su familia de origen.

Si tú eres casado o casada, tu marido o tu esposa tienen prioridad.

Córtate el cordón umbilical y diles a tus padres:

—Papás, yo los amo y los respeto pero ustedes ya no tienen autoridad sobre mí y no pueden meterse con mi conyuge; no pueden lastimarlo ni avergonzarlo, porque si ustedes no aceptan a mi pareja, me rechazan a mí. Y si no quieren verla a ella, tampoco me van a ver a mí, porque ella y yo somos uno.

Entre amigos, te digo: tu pareja es tu familia principal.

Pelea por tu familia.

Carlos Cuauhtémoc Sánchez

83
EL SULTÁN

Teníamos un perro muy agresivo. Se llamaba Sultán.

Un día enfermó y el doctor nos recetó un jarabe que debíamos darle usando una cuchara. Para poder darle la medicina al perro, mis hermanos y yo lo deteníamos entre todos, lo amarrábamos, lo tirábamos al suelo. El perro enorme y fuerte se debatía y lanzaba mordidas al aire.

Le teníamos miedo al Sultán. Sobre todo, cuando llegaba la hora de darle la medicina.

Un día, en la lucha, el perro se nos soltó y la cuchara con la medicina se cayó al suelo. Después de unos segundos, el Sultán dio la vuelta, regresó ¡y lamió la cuchara!

Mis hermanos y yo nos quedamos atónitos.

¡Al perro le gustaba la medicina!, lo que no le gustaba era la forma en que se la dábamos.

Muchos años después recuerdo la anécdota y reflexiono.

Algo parecido nos sucede con los hijos y con la gente a quien dirigimos. Con frecuencia no tienen ningún problema con las reglas de la organización (o la medicina). El problema son nuestras formas de dárselas.

Es una ley: la "forma" de escuchar y explicar determina la confianza que se logra con los demás.

Recuerda que una explicación amplia, amable y paciente, se puede convertir en un abrazo para el alma.

84
CONQUISTA A LA MUJER

Una mujer estaba triste porque su esposo era frío con ella, poco romántico, hasta brusco a veces. Un día él le preguntó:

—¿Qué te pasa, mujer? ¿Por qué estás tan enojada y callada?

Y ella le contestó:

—Porque nunca me dices que me amas.

El hombre pensó un instante y continuó.

—A ver. Ya sabes que yo soy muy práctico. Hace quince años te dije que te amaba y si cambiaba de opinión te avisaba —hizo una pausa, esbozó una sonrisa—, y hasta ahora, no te he avisado, así que no he cambiado de opinión.

La historia refleja una realidad social muy arraigada. A los hombres nos cuesta trabajo decirle a la familia cuánto la amamos. Conquistamos una vez a nuestra esposa y creemos que esa conquista vale para toda la vida. Se nos olvida que a la mujer hay que conquistarla cada día.

Si eres hombre, nunca olvides esto: las mujeres solo perciben el amor con detalles y con palabras constantes.

Sé un galán para tu princesa; un héroe que la defiende, un caballero que la corteja y un amigo en quien pueda confiar.

Solo así ella estará feliz de tenerte a su lado y dormir contigo por las noches.

85
INTENCIONALIDAD

Al juzgar a alguien que cometió un delito siempre se evalúa la intencionalidad. ¿La persona se equivocó, pero tenía buenas intenciones? O, por el contrario, ¿su acto estuvo enmarcado por intenciones perversas? Una u otra condición no eliminan el delito, pero son agravante o atenuante.

Aplica el mismo principio ante los errores de los demás. En el trabajo o en la familia.

Vamos a ver. La gente que amas se equivoca. ¿Qué tanto debes enojarte y reclamar? Pues, depende. Depende de la intencionalidad.

¿La persona cometió ese error a propósito?, ¿con malas intenciones?, ¿con deseos de dañarte? Entonces sí, enójate y reclama; pero si fue un error involuntario, que tal vez te dañó, pero nunca hubo malas intenciones; entonces perdona, protege a tu ser querido, dale la mano, hazlo sentir que estás con él y que juntos van a superar cualquier adversidad.

86
TE LO DIJO TU MAMÁ

¿Tú crees que vales mucho?

Si crees que vales mucho, te lo dijo tu mamá. Con sus cuidados, con su presencia, con sus cantos, con sus caricias; cuando abrías la bolsa del *lunch* en la mañana o abrías la bolsita del dinero y encontrabas unas monedas o un sándwich, sabías que tu mamá puso eso ahí, y aunque nunca le diste las gracias, tenías la seguridad de que en la vida te respaldaba el amor de tu mamá.

¿Tú crees que NO vales mucho?

Si crees que no vales mucho también te lo dijo tu mamá, con su ausencia, con su histeria, con sus golpes, con su abandono.

La autoestima de todas las personas del mundo, de alguna forma, nos guste o no, está relacionada con el rol y la actuación de las mamás.

Carlos Cuauhtémoc Sánchez

87
AMOR O GENITALIDAD

Poca gente habla de esto: Hay una epidemia mundial de depresión por motivos sexuales. Lo que las personas hacen en su intimidad de pareja las acompaña como una sombra silenciosa durante su tiempo de trabajo y estudios. Ves a un hombre irritado, a un compañero triste, a una mujer distraída… y no sabes nada con respecto a su sombra silenciosa.

Este era un hombre experto en seducir mujeres y acostarse con ellas. A la larga, se sintió vacío y miserable. Experto en amores, no conocía el amor. Siempre se burló de él; pero, ya no quería burlarse, ya no podía. Necesitaba tener a alguien a quién respetar y amar honestamente, alguien con quién compartir los momentos alegres y tristes de la vida, en quién poder confiar. Necesitaba conocer a una mujer a quién entregar el alma y el corazón sin condiciones, sin fingir más; una mujer dispuesta a entregarle también su alma y no solo su cuerpo.

No hay lugar a duda. Siempre sucede. La pornografía, las prácticas de seducción, la vida sexualmente ligera, tarde o temprano provocan un profundo vacío.

En lo más hondo de nuestro ser todas las personas deseamos vivir un amor más humano, menos genital.

Somos intensamente atraídos por el sexo, pero (aunque no lo reconozcamos) deseamos brindar también nuestros atributos espirituales y vivir esa fusión de los cuerpos en la que al mismo tiempo se funden las almas.

Anhelamos no solo desear el cuerpo de nuestra pareja, sino respetarla como persona, dignificarla y amarla de verdad.

Carlos Cuauhtémoc Sánchez

88
DEPRESIÓN ESTACIONAL

Unos amigos se fueron a vivir a Alaska y casi se divorcian porque ella cayó en depresión y negativismo extremo.

El médico les explicó que hay ciertos niveles hormonales que cambian en climas fríos y eso provoca, en algunas personas, algo que se llama *depresión estacional*.

Tal vez has sentido vestigios al menos de este síndrome.

¿No te parece que los días fríos, nublados, oscuros, son tristes? Cuando llueve ¿no te dan ganas de quedarte en casa rumiando tu melancolía?

Lo único que necesitaba para recuperarse aquella mujer era un poco de luz solar.

Quizá tu pareja solo necesita aire, o sol, o descanso. Algo más simple de lo que crees. Tal vez, necesita ayuda en algo que tú puedes darle.

No te enojes, no pelees, mejor pregunta, escucha y actúa. Sé una persona atenta y cuida tus formas cuando un ser querido se sienta triste. Las formas importan.

Cuando hables, haz que tus palabras reflejen educación y gentileza.

Que tus actos demuestren la honestidad de tu corazón.

En una familia donde todos se ayudan, se comprenden y se tratan con buenas formas, las relaciones son más sanas y fuertes. Haz que suceda.

89
TODOS HABLABAN MAL DE ÉL

Después de presentar uno de mis libros fui a cenar a la casa de una familia que conocí en el evento. La familia era hermosa, pero el hijo mayor no estaba en casa; tampoco había ido a la presentación del libro. No supe cómo la conversación llegó a ese tema, pero todos comenzaron a decir cosas desagradables del joven ausente. Los padres dijeron:

—No sabemos qué hacer con él. Es rebelde y grosero.

Las hermanas agregaron:

—Sí. Es un irresponsable, no le gusta estudiar, tiene malos amigos, fuma, toma. Su novia es fea, no sabemos por qué anda con ella.

El joven llegó. La mamá le ofreció de cenar y él contestó que no tenía hambre. El papá le dijo:

—Saluda a nuestro invitado. Es un escritor.

Me puse de pie, le di la mano y le comenté:

—Mucho gusto. Quería conocerte, estábamos hablando de ti. Me dijeron que eres sensible, talentoso y que, aunque muchos no te entienden, tienes un gran corazón.

El joven abrió mucho los ojos, volteó a ver a sus hermanas y a sus papás, como preguntando: "¿En serio creen eso de mí?". Pero ni sus padres ni sus hermanas pudieron sostenerle la mirada, y la luz de esperanza en el joven se desvaneció. Se fue a su cuarto y nos quedamos en silencio.

Todos en esa casa se dieron cuenta de que el hijo, el hermano rebelde, tenía una gran necesidad de reconocimiento y de amor. Algo que solo ellos podían darle.

90
¿DEBES CONFESAR UNA INFIDELIDAD?

Fuiste infiel. Tu pareja no se enteró. De alguna forma increíble saliste de esa aventura estúpida sin raspones. Nadie lo sabe.

De pronto te sientes muy mal por haber tenido esa relación inapropiada y quieres ser completamente honesto, honesta, con tu pareja... ¿Debes confesárselo todo?

A ver.

La infidelidad pone cualquier relación en jaque, a veces jaque mate; provoca una herida tan profunda que es muy difícil recuperarse de ella.

Si entendemos la infidelidad como un golpe mortal al alma del ser amado; no tiene ningún sentido masacrar a tu pareja solo porque tuviste un ataque de honradez.

En tal sentido (y no es hipocresía, sino un elemental acto de protección a tu ser amado), si te sientes tan culpable, ve con un cura y confiésate, ¡o mete la cabeza al escusado y grita!, pero por ningún motivo se lo digas a quien más le afectaría. Tú te llenaste de mierda, tú te ensuciaste, tú te rebajaste; el problema es tuyo. No por hacerte el sincero ahora, tienes derecho también a ensuciar de mierda el corazón de tu pareja. Bastante idiota fuiste como para que ahora la dañes gratuitamente.

Corrige *tus* errores, deja de fantasear en tu mente (porque las fantasías sexuales con otras personas es el origen de todo), compensa tu error con amor y entrega. Y, nunca, por ningún motivo, aunque te cueste la vida, vuelvas a engañarla.

91
¿CÓMO EMPIEZO DE NUEVO?

¿Tuviste una pérdida? ¿Sabes lo que es estar de duelo por lo que ya no tienes?

Después de la pérdida, el camino parece cuesta arriba porque la mente absolutiza y nos hace creer que "eso" que perdimos lo era todo.

Pero vamos a ver. Si somos objetivos, lo que perdiste era solo una parte de tu universo. Sí, fue importante; sí, fue valioso; sí, es muy triste haberlo perdido, pero tú sigues vivo; aún respiras, piensas, sientes, tienes gente que te necesita, tienes retos que conquistar. Además, después de ese dolor, por más que te cueste reconocerlo, eres una persona más madura, sensible y fuerte.

Todo pasa. No siempre te va a ir mal (ni siempre te va a ir bien). Las ganancias y las pérdidas son parte de la rueda de la vida. Cuando suceden significa que la vida gira hacia delante.

¿Cómo empiezas de nuevo? Respira hondo, confía en ti, da un paso todos los días. Un paso a la vez. Cuando menos lo esperes, el dolor habrá quedado atrás y verás tu caída como el punto de partida de una mejor versión de tu vida.

92
LOS PREMIOS QUE IMPORTAN

Dime el nombre de tres ganadores del salón de la fama, o de los últimos premios Nóbel o de cinco galardonados en los Óscares, o tres personalidades que hayan obtenido los premios más importantes de la ciencia o el arte. ¿No te acuerdas? ¿No te interesa? ¿Por qué? Porque aquellos premios por los que todo el mundo lucha, a la larga, son los menos importantes.

Ahora te pregunto: Dame el nombre de dos personas con las que te gusta platicar; o el nombre de tus mejores amigos; o el de tu mejor maestro. De inmediato se te vienen a la mente algunas personas. Esos son los premios que valen.

Tú aprecias a la gente no por lo que tiene sino por lo que da, no por lo que gana sino por lo que te hace ganar.

Tu valor como persona no está en tu dinero, ni en tus premios, ni en tus logros profesionales. Nadie va a recordarte por tus triunfos de dinero y trabajo, sino por tu amabilidad, por tu calidad humana, por saber escuchar y por saber dar.

Carlos Cuauhtémoc Sánchez

93
MI FAMILIA SE LA
PASA PROTESTANDO

Un hombre fue con su consejero y le dijo:

—No soporto a mi familia. Todos se la pasan protestando porque vivimos en una casa pequeña, pero ¡esa casa pequeña es lo que podemos tener ahora!

El maestro consejero le contestó:

—A ver. Tienes animales de granja; una vaca y dos burros. Vas a hacer lo que yo te diga. Mete a los animales para que vivan con ustedes. Dentro de la casa.

El hombre no entendió, pero confiaba tanto en el maestro que obedeció. Su esposa y sus hijos se volvieron más histéricos, comenzaron a gritar y a quejarse de día y de noche.

—Ahora estamos mucho peor. No cabemos aquí. ¡Cuánta suciedad! ¡Qué mal olor! ¡Qué terrible!

Una semana después, el maestro le preguntó cómo iban las cosas. El hombre dijo que su casa era un manicomio. Entonces el maestro aconsejó:

—Muy bien; ahora sí, saca a los animales de las recámaras, mándalos a la granja y limpia la casa.

El hombre obedeció y todos se sintieron felices.

—¡Qué casa más cómoda, más limpia, más amplia! Amamos estar aquí.

Era la misma casa. Solo cambió la perspectiva.

Así somos.

Protestamos por lo que tenemos porque nos falta perspectiva.

Entre amigos, te digo: deja de quejarte. Tu vida es maravillosa.

94
LA LEY DEL HIELO

Una mujer escribió:

—Mi esposo tiene el hábito de no hablar. Cuando se enoja me aplica la ley del hielo. Es su forma de castigarme. Al principio le seguí el juego. Pero ahora es desesperante. No soporto vivir con alguien que no me dirige la palabra. A veces creo que preferiría los gritos.

Hay personas que quieren resolver los conflictos así: ignorando a su ser querido sin dirigirle la palabra por días, semanas o incluso meses.

Hay quienes, en vez de enfrentar los problemas, le suben el volumen al televisor, se tapan los oídos o se dan la vuelta y se van.

El silencio es un castigo que lastima y que no ayuda a arreglar las cosas. Es, en realidad, una muestra de desprecio.

Las personas que se niegan a conversar con su pareja están usando una forma de violencia; no es un acto inocente, ni se pueden amparar con la excusa de que "lo hago para llevar la fiesta en paz".

La ley del hielo es maltrato. Punto. Maltrato emocional.

La forma correcta (y única) de arreglar las diferencias es justo al revés. Nunca lo olvides. Entre amigos, te digo:

Si quieres ir hacia delante en una relación, *¡habla!*

95
LUNA DE MIEL

Muchos piensan que la luna de miel es el viaje de bodas. Desde el punto de vista turístico lo es, pero, técnicamente, la luna de miel es una etapa en la que una pareja de enamorados flota por las nubes porque se han inaugurado en sus relaciones íntimas.

Es así. Al momento en que un hombre y una mujer (que se aman) comienzan a tener relaciones sexuales, entran a una cueva secreta de percepciones únicas que se llama *luna de miel*.

La luna de miel es la etapa en la que dos personas se descubren sexualmente; una especie de túnel enajenante donde el amor de los cuerpos se vuelve pasión, casi locura; en esta gruta mágica la mente deja de pensar y las sensaciones enajenantes anulan la razón. Solo ahí (en ese lapso), se entiende la máxima "El amor es ciego".

Pero la luna de miel termina; entras al túnel y sales de él. Entonces las personas se dan cuenta de realidades que habían ignorado. Muchas veces entienden que no eran tan compatibles como creyeron. A veces es tarde, porque ya se casaron, se embarazaron, se fugaron, abandonaron sus estudios o se perdieron.

Por eso, si tienes una pareja a quien amas, no se apresuren. Cultiven su amor, crezcan en una amistad profunda y planeen su luna de miel, para hacer de ella una gran fiesta cuando sea el momento adecuado. No antes.

96
¿QUIERES GANARTE EL AMOR DE ALGUIEN?

¿Por qué mi hijo (o mi pareja, o mi hermano o mi cuñado o mi nuera...) no me ama tanto como me gustaría? ¿Cómo me gano el amor de alguien?

Tal vez hayas demostrado tu capacidad en la vida e incluso hayas logrado buen prestigio; sin embargo, eso no significa que seas una persona digna de ser amada.

¿Sabes que hay un detonador para ganarse amor de la gente cercana? Lo explico con adverbios de modo.

La música que SE PUEDE bailar es *bailable*.

Si un platillo SE PUEDE comer es *comestible*.

Si el camino SE PUEDE transitar es *transitable*.

Si un proyecto SE PUEDE mejorar es *mejorable*.

Si una persona SE PUEDE amar es... (¿?)

¿Lo puedes ver?

Tal vez sueles ser demasiado exigente, perfeccionista, intolerante.

Tal vez no sonríes lo suficiente.

Quizá podrías escuchar más y aconsejar menos.

De verdad, está en tus manos ser una persona menos severa, menos rígida, más humana y bondadosa…

Amigo, amiga, para que alguien pueda amarte más (amar de verdad, amar con el corazón), simplemente sé AMABLE.

97
TE VOY A ACUSAR

Si alguien de tu familia comete un error grave, tienes dos opciones (no tres ni cuatro, solo dos):

1. ACUSARLO.

2. COMPRENDERLO-AMARLO.

Casi siempre el que acusa magnifica los errores del otro y se dibuja a sí mismo como santo.

Es algo que sabes hacer: alguien se equivoca, detectas el error y lo haces grande, lo subrayas, lo recalcas, lo difundes, lo exageras, lo dramatizas y levantas la voz para que otros se enteren.

En esta primera opción ocasionas que el acusado se llene de rencor y busque como revancha acusarte también.

Ahora, ¿dónde aprendemos a acusar? ¡Pues en la familia! Los padres premian que los hermanos se acusen entre ellos. Nosotros mismos acusamos a nuestro cónyuge si hace algo mal o a nuestros hijos si fallan.

Entendamos esto: el lenguaje de la acusación es contrario al lenguaje del amor.

La otra alternativa es comprender: imaginar los problemas y dificultades de la persona que se equivocó, pensar en sus retos, en su soledad, sus heridas, sus traumas, sus luchas, su dolor, su deseo de hacer las cosas bien y no poder hacerlas.

Comprender es querer ayudar en vez de castigar.

Ahora, ¿dónde crees que aprendemos a ser pacientes y a comprender-amar? Pues, también en la familia.

Corrige las motivaciones de tu gente y las tuyas, haz lo que debes hacer.

Tu familia necesita un héroe.

Deja de acusar y comienza a amar.

98
QUÉ HACER SI INSULTAN
A TU ESPOSA

Hay una mujer a quien amamos mucho en casa. Nos cocina y nos lava la ropa. Se llama Francisca (ella me permitió contar su historia). Es viuda. Un día iba caminando con su marido por la calle y dos tipejos le faltaron al respeto a ella. Su esposo la defendió y lo mataron. En presencia de ella. Una tragedia. Han pasado muchos años y ella no se ha recuperado.

¿Qué harías si alguien agrede a tu esposa o a tu hijo?

Sin duda deberás contraatacar, pero siempre con inteligencia. Nunca poniendo a tu ser querido en un mayor peligro.

Hay ocasiones en que es más sabio retirarse con el coraje y la humillación de un insulto que pelear una batalla en la que tenemos mucho más que perder. (Pregúntale a Francisca).

Engancharse en una pelea callejera o con gente baja, lejos de poner en salvaguarda a los nuestros, los expone aún más.

Si alguien te agrede en público o agrede a uno de tus seres queridos frente a testigos, contesta de forma elegante, apelando a la razón y al respaldo público de lo que es correcto. Los testigos te apoyarán. Si no los hay, o la otra persona sigue agrediendo, date la vuelta y sal de ahí con tu familia.

Esa es la manera correcta de protegerla.

99
ESCUCHA ACTIVA

Muchos de los problemas que tenemos en la familia y en el trabajo se resolverían si las personas supieran escuchar activamente.

Vamos a aprender a hacerlo.

¿Hay una controversia, un desacuerdo, un enojo? Las dos personas deben sentarse frente a frente. Estas son las reglas:

1. Echan a la suerte quién hablará primero.

2. La persona "A" habla y explica ampliamente su punto de vista. La persona "B" guarda silencio y escucha con atención.

3. Cuando la persona "A" termina de explicar, la persona "B" dice *con sus propias palabras* lo que entendió; hace un resumen: "Lo que quieres decirme es esto...". La persona "A" tiene que aprobar el resumen. Si no se logra que los dos estén de acuerdo en lo que quiso decir la persona "A" no se puede continuar.

4. Es el turno de la persona "B". Explica su punto de vista con todo detalle. La persona "A" escucha con atención.

5. La persona "A" hace un resumen de lo que quiso decir la persona "B". Es imprescindible que los dos estén de acuerdo en el resumen.

En un marco de comprensión mutua llegan a un acuerdo.

La técnica es muy (¡muy!) poderosa porque se basa en el hecho de que, antes de protestar o gritar, las personas deben escucharse y entenderse. Por eso uno *debe* decir con sus propias palabras y CON TODA OBJETIVIDAD las razones del otro antes de exponer las suyas.

Nadie nace sabiendo esta técnica de comunicación. Se aprende. Se ensaya. Se entrena.

Practícala en casa. Verás la magia.

100
FRIALDAD EN CASA

Yo conozco a una mujer a la que le enseñaron en su hogar a ser fría, áspera, antipática, y a pesar de que tiene buen corazón y es inteligente, sus relaciones afectivas están por los suelos. Claro, porque ella "es como es" y ha creado un clima de frialdad y hosquedad en su familia.

¿Has aprendido modelos distantes, poco cariñosos? ¿O simplemente la rutina ha hecho que se enfríen las relaciones que otrora fueron mucho más cálidas?

Nunca olvides que tu pasado no determina tu futuro.

Tú tienes control de lo que haces hoy y harás mañana. Por eso te propongo esto.

Vamos a hacer un ejercicio en la familia.

Lee con atención. Esto puede cambiar el clima emocional que hay en tu casa. Hazlo con tu cónyuge o tus hermanos o tus papás.

Durante todo el día, vas a exagerar en esto:

Cada vez que saludes o te encuentres con alguien, lo vas a abrazar o vas a tener un gesto cariñoso, le vas a decir algo amable, un elogio, una palabra de amor.

Lee el párrafo anterior una y otra vez, hasta que lo aprendas, lo asimiles y lo hagas real.

Practica este ejercicio todo el tiempo, de manera intencional. Otra vez:

Siempre que puedas abraza, da un beso, da un elogio, sé amable, cariñoso, atento, cálido; verás que el clima emocional de tu casa y de tu vida va a mejorar.

101
CÓMO CONQUISTAR A LA PERSONA QUE TE GUSTA

Conquistar a alguien es parecido a una venta. La forma moderna de vender (o venderse) se basa en cuatro pasos:

Aparición.

Posicionamiento.

Disertación.

Cierre.

> **PRIMER PASO.** *Aparécete en su vida.* Participa en los lugares donde él o ella está. En sus deportes, juegos, reuniones, concursos. Si tienes algún talento, como escribir cartas, declamar, cantar, o bailar, haz que te vea, te lea, te oiga. APARÉCETE. ¡Que te identifique! ¡Que sepa tu nombre! ¡Que te vea hasta en la sopa! Tu presencia física y moral es imprescindible.
>
> **SEGUNDO PASO.** *Posiciónate.* Vuélvete su amigo, su amiga, hazle saber que la observas, que la valoras, que te das cuenta de sus virtudes y de sus necesidades. La persona va a decir:

"¿Cómo sabes eso de mí?". Y tú contestarás: "Porque te admiro y porque quiero lo mejor para ti".

TERCER PASO. *Prepara un pequeño discurso y dilo. Habla. Diserta.* Dile que te gusta, demuéstrale tu amor, y al hacerlo, deja claro lo que puedes aportar para que su vida sea mejor.

CUARTO PASO. *Haz el cierre.* Con toda elegancia y dulzura, dale un beso.

Sigue los pasos y ten en cuenta que, cuando estés con la persona correcta, todo va a fluir.

Tal como lo anhelas y lo mereces.

102
¡QUE NO TE MANIPULEN!

Manipular es comunicarse de forma hábil y artera, con distorsión de la verdad o la justicia, para forzar la voluntad de alguien y someterlo.

Una vez que el manipulador somete a su víctima, le roba la energía y la confianza.

La forma en que el manipulador te somete es haciéndote sentir ignorante, tonto o con miedo.

> ¿Alguna vez alguien te ha dicho: "Mejor cállate, no sabes nada, no estás enterado, no tienes ni idea de este tema, no entiendes, no sabes, no puedes, no intentes, eres una persona tonta, eres ignorante; sigue haciendo eso y te va a ir muy mal"? Esas son palabras de un manipulador.

En las escuelas, los jóvenes y hasta los niños, son crueles con sus compañeros débiles; en las familias, lo mismo; entre colegas, también. Se dicen palabras y frases manipulativas todo el tiempo.

Incluso pasa en las parejas: muchos *hombrecitos* no soportan el éxito de sus mujeres y se vuelven cazadores de errores en el afán estúpido de hacerlas parecer pequeñas para que ellos se vean más grandes.

Pero comprende esto y jamás lo olvides: el mediocre se siente tan inseguro junto a alguien sobresaliente, que trata de romper su dignidad. Pero tu dignidad es fuerte. No te dejes abatir.

Esto es una guerra y es tu vida la que está en juego.

Levanta la cara y disponte a pelear.

103
¿CÓMO HACER QUE
TU HIJO SEA GENIO?

Hay un entrenamiento mental que detona la mayor explosión de conexiones neuronales. De todo lo que le podemos enseñar a un niño para que sea más inteligente esta es la habilidad más importante: *el lenguaje.*

Entendemos a base de palabras.

Las palabras crean sinapsis en todas las áreas del cerebro.

Por eso, habla mucho con tu niño (con tu bebé recién nacido, incluso), conversa todo el tiempo y a todas horas con él.

Cuando se siente a comer, no le pongas una tableta en frente (mientras tú ves tu teléfono). ¡Habla! ¡Interactúa, pregunta, pídele opinión!

Habla con el niño de forma natural, como hablarías con un adulto. Cuéntale los problemas que tienes. Aunque a ti te hayan enseñado que hay temas que los niños no deben saber. Jamás digas:

"Esta conversación es de mayores, así que vete a ver la tele". Un niño puede entender lo que sea si se lo explicas bien.

Cuando el niño haga un berrinche sin explicar qué tiene, no cedas a sus gritos y cabezazos; hazle saber que eso no funciona. Mantén una conexión visual (y del alma) con él. No lo castigues porque hace berrinches, deja que se le pase y habla con él. Prémialo siempre que argumente, negocie, o pida las cosas hablando.

Y si quieres hacerlo un genio de verdad, además de hablarle en tu idioma, enséñale otro. Hazlo bilingüe o trilingüe. Estarás potenciando su inteligencia al máximo.

104
LOS CELOS ME MATAN

Hace poco platiqué con un amigo que había exasperado a su esposa porque la celaba demasiado. Ella estaba furiosa con él. Estaban llevando una relación muy tensa. Le pregunté:

—¿No le tienes confianza *a ella*?, ¿o no te tienes confianza *a ti*?

Él me contestó:

—Lo que pasa es que, tú lo sabes, yo tuve otra pareja que me fue infiel y me aterra que eso vuelva a suceder.

Estábamos sentados en un teatro, esperando que nuestras esposas regresaran del baño. Le dije:

—¿Por qué no eres sincero y le explicas lo que te pasa? Ella no tiene nada que ver con tu pareja anterior. Es diferente, es única.

—¿Qué le voy a explicar? ¿Que cuando la veo platicando con algún hombre siento que se me abre el suelo y me muero?

—¡Claro! Dile: "Amor, he sido celoso por una sola razón; te amo demasiado y tengo miedo de perderte". Y empieza de cero, confiando en ella, cuidando que ella se sienta protegida, y valorada por ti. Crea una relación de lealtad en la que no haya sospechas ni acusaciones infundadas, en la que ambos se amen y se tengan confianza plenamente.

Las mujeres llegaron a sus butacas.

Vimos la obra de teatro en silencio. Los cuatro. Cuando terminó, noté que mi amigo estaba hablando con su esposa al oído, y había lágrimas en los ojos de ella.

Fue el inicio de una nueva etapa en sus vidas. Mi esposa y yo también hablamos del tema y nos fortalecimos como pareja.

105
LA INSEGURIDAD AFEA

Puedes usar ropa moderna, perfumarte, maqui-llarte y peinarte de forma elegante. Incluso pue-des tener rostro y cuerpo hermosos. Pero nada de eso te hará una persona bella.

La belleza humana no es una fotografía, es un vi-deo en tercera dimensión con estímulos en cinco sentidos simultáneos. Y si hay un atributo que potencia y eleva los atributos de belleza en esa amalgama de percepciones es esta: LA SEGURI-DAD PERSONAL.

La inseguridad se ve mal, sabe mal, se siente mal, se oye mal, huele mal.

Una persona insegura, con baja autoestima, tie-ne una mirada débil, esquiva u hosca. Tiene una voz inestable, escuálida, mal articulada. Tiene una postura encorvada y huidiza. Dice cosas bo-bas y acomodaticias, tratando de quedar bien o mostrar que sabe más de lo que sabe.

La persona insegura sabe que no vale mucho y emana por los poros ese bajo autoconcepto. Pue-de tener un físico perfecto con las proporciones áureas de Da Vinci y Fibonacci, y su inseguridad la hará fea ante la percepción de los demás.

Por otro lado, la persona **segura de sí misma**, que mira de frente, que sonríe, que se sabe valiosa (sin ser arrogante) y está convencida de que tiene mucho que aportar, es bella, con una belleza que emana del interior.

Por eso, te lo digo entre amigos: cuando pienses en ir al cosmetólogo, piensa primero en lo importante y valioso que eres. Ámate y sé seguro de ti.

106
NO SEAS TÍMIDO

Pensé que ese hombre era arrogante. Cuando llegaba a la reunión no saludaba a nadie. Si le hacías conversación, te contestaba con monosílabos. Si le invitabas algo, lo rechazaba. Cuando menos te dabas cuenta había desaparecido.

Lo peor del asunto es que el hombre había sido designado como líder de un proyecto. Pero todo se le puede perdonar a un líder, menos que sea engreído.

Quise platicar con él, conocerlo mejor, entender los motivos de sus desplantes. Lo que descubrí me asombró. No era soberbio. Solo era una persona tímida e insegura.

Gran lección. Amigo, amiga, mira a la gente a los ojos, sonríe y saluda a cada persona. Si te ofrecen alguna bebida sin alcohol o cualquier otra cortesía, acéptala.

A veces un simple gesto, una sonrisa, un ligero toque en el brazo, te posiciona como líder. Si ignoras a la gente, eso se interpreta como altanería; y es lo único que no se le perdona a un líder.

Aunque no sea cómodo para ti, habla fuerte, articula bien, mira a los ojos, haz conversación, sé amable, saluda, despídete, sé natural, sé tú mismo, haz reír, haz pensar, hazte oír.

Engrandece tus habilidades de familia y liderazgo.

Habla y muévete como los grandes. Sé un líder que deja huella.

107
CONECTA CON TU FAMILIA

Todos hemos lastimado a alguien de la familia, y alguien de la familia nos ha lastimado.

Por eso, ser familia es aprender a perdonar, darse segundas oportunidades, acostumbrarse a abrazar y dar la mano. Ser familia es ayudarnos, reírnos de nuestros errores, aconsejarnos, apoyarnos, corregirnos, regañarnos, divertirnos, relajarnos.

Ser familia es conectar en las almas.

Conecta con tu pareja. Conecta con tus papás, con tus hijos, con tus hermanos.

Imagina que todos tenemos una especie de dendritas invisibles guardadas, pero que, si queremos, podríamos conectar como en una sinapsis eléctrica y espiritual con otros. Tienes que querer.

Comunícate con ellos.

Quita los distractores de en medio, míralos a los ojos y habla; esfuérzate en explicar lo que sientes; quítate la máscara; habla, pero sobre todo escucha.

No tomes tan en serio los errores de otros. Ni los tuyos. Todos hemos tenido caídas y descalabros; hemos tenido problemas, pero mientras estemos vivos, no hay nada que no podamos rectificar. Por tu parte, haz lo mejor que puedas.

Tu familia vale la pena.

Carlos Cuauhtémoc Sánchez

108
LA PRINCESA QUE SE ENAMORÓ DE UN VAGO

La princesa y el vago se hicieron amantes.

El rey los descubrió. Estaba furioso. Iba a mandar a matar al vago, pero su consejero sabio le dijo:

—No lo hagas; mejor, encierra a la pareja en una habitación con todas las comodidades. Déjalos que convivan día y noche juntos, que se exploren, que se disfruten sexualmente, sin límites. Y verás lo que pasa.

Aunque el rey no entendía, obedeció al sabio.

Durante el primer mes, la princesa y el vago estaban felices, en plena luna de miel.

Pero al segundo mes, ella había percibido que su amante era sucio, no se lavaba los dientes, echaba flatulencias todo el tiempo.

Al tercer mes se dio cuenta de que no tenía tema de conversación, era ignorante y vulgar.

Al cuarto mes, descubrió que era machista y manipulador.

Por su parte, él también aprendió que ella era intolerante y soberbia.

Al sexto mes, los dos amantes encerrados, gritaban y suplicaban que los dejaran salir de esa prisión.

Cualquier parecido con la vida real es pura coincidencia.

109
TE VEO

Uno de los conceptos cinematográficos más poderosos para entender el amor lo vi en la película *Avatar*.

> El humano se enamora de una Na´vi de Pandora, y ella se enamora de él. Pero como son tan diferentes, la única forma que tienen de amarse es verse más allá de las apariencias y conocerse en el alma. Por eso en vez de decirse TE AMO, se dicen TE VEO...

Me encanta el concepto, porque tal cual, eso es el amor.

Aprender a ver a la gente.

Ver a alguien es detectar sus esfuerzos, es reconocer sus aciertos, observar sus temores y sus luchas.

Ver a la persona es acercarse a tiempo para decirle: "Te felicito, te valoro, ya me di cuenta de lo que estás haciendo, lo aprecio, te admiro".

Si sabes dar elogios sinceros, significa que no eres un individuo egoísta, centrado solo en ti, sino que observas las luchas y los esfuerzos de los demás.

Si ves más allá de las apariencias, si reconoces la nobleza de las personas cercanas, si las motivas, las inspiras, las ayudas a seguir creciendo y sinceramente les deseas lo mejor, entonces, solo entonces, podrás amarlas, y decirles *te veo*.

Carlos Cuauhtémoc Sánchez

110
INSTANTE ETERNO

Había una tormenta.

Yo estaba escribiendo mi última novela.

Mis tres hijos pequeños entraron al estudio. Tendrían ocho, seis y cuatro años. La niña mayor dijo: "Papá, vamos a bailar".

Puso música. Dejé de escribir y bailamos. Seguía lloviendo afuera. De pronto, un relámpago hizo que se fuera la luz. Se acabó la música y nos invadió la más profunda oscuridad. Nos sentamos y abracé a mis hijos. Acabamos acostados en la alfombra, tomados de la mano, escuchando la fuerza de la tormenta; los relámpagos, el poder de la naturaleza, la orquesta divina, la manifestación excelsa del poder de Dios.

Entonces sucedió. Entró de repente. Un instante de esos que no tienen tiempo.

Y me quedé quieto y aguanté la respiración porque no quería que ese instante se fuera. Todos lo sentimos, en silencio, sin movernos. Como un soplo de Dios.

Ahora entiendo que la vida está hecha de instantes eternos. Debemos buscarlos, propiciarlos, atesorarlos.

Al final de nuestros días, es lo que más vamos a recordar y es lo que le va a dar sentido a todo lo que hicimos.

Haz de este un instante eterno.

Relájate, respira y haz que en este minuto se congele todo a tu alrededor. Como un cuadro detenido en una película. Como un minuto que no muere y que no quieres que pase.

Ve tu vida desde otra perspectiva. Ve tus tesoros. Lo extraordinario de tener trabajo, salud, tranquilidad, pareja, familia.

Guarda unos segundos la respiración, ve toda la riqueza que tienes y decide enfrentar cualquier batalla de la vida por defender ese tesoro.

Percibe esa presencia amorosa, enorme, poderosa, que te abraza y que te da todo como un regalo de amor.

Entiende que tu vida tiene sentido justamente porque valoras ese regalo, lo disfrutas y estás dispuesto a defenderlo intensamente con todo tu ser.

Carlos Cuauhtémoc Sánchez

111
PAPÁ, ME EQUIVOQUÉ

¿No te ha pasado que tu padre, o tu jefe, o la persona que tiene autoridad sobre ti se queda como en bucle cuando te regaña? ¡Cometes un error y se pone a sermonearte de manera profusa e innecesariamente reiterativa! Por si fuera poco, mantiene su enojo contra ti por horas y a veces por días.

¿Cómo hacer para que esa persona deje de reclamarte?

A ver; simplifiquemos. Pensemos que esa persona es *tu papá*.

Los padres a veces tenemos una reacción exagerada porque queremos asegurarnos de que nuestro hijo entienda su error y no vuelva a cometerlo. Se llama *círculo de precaución emocional*. Nos metemos en ese *loop* del que no podemos salir, hasta que sucede algo. Tu padre (o tu autoridad) necesita que digas unas palabras prodigiosas. No basta con que las pienses. Debes decirlas con la boca:

—Tienes razón, me equivoqué. Voy a tener más cuidado —explica que entiendes, que aceptas tu error y no volverá a suceder.

Si te confiesas culpable y arrepentido, tu autoridad ya no tendrá motivos para seguir reprendiéndote. Y los dos podrán centrarse en la reparación del error.

Cuesta trabajo decir las palabras prodigiosas, pero, amigo, amiga, es lo más inteligente que puedes hacer si quieres que la relación con tu papá (u otro jefe) mejore y tu error sea dejado en el pasado.

Se trata de que todos puedan concentrarse en el futuro.

112
TRABAJABA TANTO QUE PERDIÓ TODO

Tengo un amigo que perdió lo más valioso.

Lo confesó con lágrimas.

—Yo ya no trabajaba para vivir. Vivía para trabajar. Trabajaba día y noche. A todas horas. Dejé de tener tardes tranquilas y noches de descanso con mi pareja. No estaba presente donde más hacía falta. Cuando me di cuenta, había construido un emporio de negocios, pero había perdido a mi familia.

Su lamento fue tardío. Que no nos suceda algo así.

Nuestra familia nos necesita más de lo que creemos. Hay personas cercanas, importantes, que se sienten más solas de lo que imaginamos; y nos extrañan, anhelan nuestra atención e interés.

Quiero proponerte algo: pon un horario. Actúa con mucha rigidez en él. Trabaja y sé una persona productiva; cuando se cumpla la hora, apaga el teléfono, apaga la computadora y desacelera.

Regresa a tu origen. Vuelve a tus raíces. Si las raíces de tu árbol están sanas, seguirás creciendo y dando fruto, pero si descuidas las raíces, no solo tu fruto se volverá cada vez más amargo y escaso, sino que, además, te darás cuenta de que todo lo que produces habrá perdido su razón de ser.

Seamos más coherentes e inteligentes.

Aunque yo podría escribir cientos de libros como este y dar charlas y presumir mis logros públicos, lo que realmente vale son mis logros privados. Puedo engañar al mundo, pero no puedo engañar a mi esposa, ni a mis amigos cercanos, ni a mis hijos o compañeros que me ven a diario.

Amigo, amiga, dejemos de ser como máquinas productivas y de enseñarle al mundo todo lo que supuestamente sabemos.

Seamos personas coherentes y trabajemos por ganar (y recuperar) lo que de verdad importa.

Carlos Cuauhtémoc Sánchez

Este libro se imprimió en octubre de 2022
En los talleres de: Impresora Tauro, S.A. de C.V.
Av. Año de Juárez 343 C.P. 09070
Col. Granjas San Antonio, Ciudad de México
ESD 1e-3-1-7-M-5-10-2022